이슬람의
진실과 오해
샤리아로 검증한다

임병필 지음

이슬람의
진실과 오해
샤리아로 검증한다

돌여 모시는사람들

일러두기

أ	ㅇ	ذ	ㄷ	ظ	ㅈ	ن	ㄴ
ب	ㅂ	ر	ㄹ	ع	ㅇ	ه	ㅎ
ت	ㅌ	ز	ㅈ	غ	ㄱ	و	ㅇ
ث	ㅅ	س	ㅅ	ف	ㅍ	ي	ㅇ
ج	ㅈ	ش	ㅅ	ق	ㄲ	اَ، ةَ	ㅏ
ح	ㅎ	ص	ㅆ	ك	ㅋ	ةُ، وُ	ㅜ
خ	ㅋ	ض	ㄷ	ل	ㄹ	ةِ، يِ	ㅣ
د	ㄷ	ط	ㄸ	م	ㅁ	وَة، ئَة	ㅏ우 ㅏ이

1. 하나의 자음은 하나의 음가로 표기한다.
2. 된소리(ㄲ, ㄸ, ㅆ)를 표기한다.
3. 중복자음은 모두 표기하나, 약자음(ي , و , ا)이 중복된 경우에는 한 번만 표기한다.
4. 정관사(알)는 가문의 이름이 아니 경우 붙여서 표기한다.
5. 아랍어 원음과는 다르나 이미 널리 사용되는 관용어는 인정한다.

우리에게 이슬람은 어떤 모습일까? 우리는 이슬람을 과도하게 두려워하거나 혐오하고 있지는 않는가? 우리는 이슬람의 부정적인 모습만을 보고 있지는 않는가?

이슬람이 우리 가까이에 다가온 것은 그리 오래되지 않았다. 우리가 이슬람을 직접 경험하고 판단할 수 있는 기회 또한 많지 않았다. 우리가 접하거나 사실이라 생각하고 있는 이슬람은 대부분 서방을 통해 알려졌다. 서방이 바라보는 이슬람은 객관적이고 신뢰할 수 있는 모습인가? 우리는 서방의 패러다임에 의해 만들어진 이슬람의 모습을 진실이라고 믿고 있는 것은 아닐까?

우리들 주변에는 이슬람에 대한 오해와 왜곡이 판치고 있다. 이슬람에 대한 굴절된 모습을 제대로 꿰뚫어 보고 본질을 정확히 파악하기 위해서는 샤리아를 전체적으로 살펴보아야 한다. 코란과 순나(하디스)를 문자대로 해석한다거나 자신이 원하는 일부분만을 발췌하여 인용하는 것은 본질을 왜곡하거나 진실을 호도할 수 있다. 어떠한 사안에 대한 샤리아 규범은 코란과 하디스(순나)뿐만 아니라 법학파(법학자)의 견해까지를 살펴보아야 한다. 법학파(법학자)는 코란과 순나

(하디스)에 정통할 뿐만 아니라 특정 사안이 발생할 당시의 주변 상황과 무슬림의 현재적 삶을 가장 잘 이해하는 법 주체이기 때문이다.

이 글은 우리들이 자주 접하고 있는 7가지 주제들에 대한 오해와 진실을 샤리아를 통해 검증하고자 하였다. 제1장에서는 일부사처제가 여성을 차별하고 억압하는 제도가 아니라 사회보장책의 하나이고 선택적 제도이며 합법적인 결혼제도라는 것을 다루었다. 제2장에서는 여성할례가 이슬람의 관행이 아니라 일부 무슬림의 관행이라는 것을 다루었다. 제3장에서는 명예살인이 이슬람과 이슬람세계만의 문제가 아니라 가부장제의 산물이라는 것을 다루었다. 제4장에서는 가부장제가 아랍과 이슬람세계의 전유물이 아니라 전 지구적 현상이라는 것을 다루었다. 제5장에서는 지하드가 성전이 아니라 성전을 포함하는 알라를 위한 모든 노력이라는 것을 다루었다. 제6장에서는 히잡이 여성 억압의 상징이 아니라 정체성의 표현이라는 것을 다루었다. 제7장은 마흐르가 신부값이 아니라 신랑이 신부에게 주는 선물이라는 것을 다루었다.

샤리아는 7세기에 사도 무함마드를 통해 계시된 코란과 사도의 순나(하디스)를 1차법원으로 하여 9-12세기에 활발한 활동을 했던 법학파(순니, 시아, 이바디)의 독자적인 법 해석 노력을 통해 완성되었다. 샤리아 규범은 수백 년의 세월을 거치면서 알라의 계시(코란, 순나)에 정통한 학자들의 지식과 통찰력과 경험을 통해 제정되었다. 샤리아 규범 속에는 인간에 대한 신의 의지와 오랜 세월 동안 축적되고 숙성된 무슬림의 지혜가 녹아 있다.

무슬림은 우리에게 이방인이 아니다. 이미 우리들 주변에는 무슬림이 많이 있고 전 세계 인구의 3분의 1 이상이 무슬림이다. 무슬림을 우리의 이웃이며 동반자로 포용해야 한다. 그들에 대한 오해를 풀고 그들의 삶을 이해하려 노력해야 한다. 이것이 샤리아에 관심을 가져야 하는 이유이다. 샤리아는 이슬람에 대한 오해와 진실을 판단하는 바로미터이다.

2020년 2월

임병필

샤리아로 검증한다

일부사처제*
─일부사처제는 합법적인 결혼제도이다

* 이 글은 『중동문제연구』 제17권 1호(2018)에 「일부사처제에 대한 샤리아 규범 연구」라는 제목으로 게재된 글을 수정·보완한 것이다. 아랍어 자료와 참고문헌은 편집의 어려움과 가독성을 고려하여 생략하였다.

1. 일부사처제는 이슬람의 관행

테러, 폭력, 여성 억압과 같은 낱말들이 이슬람을 수식하고 히잡 착용, 여성할례, 여성 운전 금지, 일부사처제, 명예살인과 같은 말들이 여성 억압의 사례들로 회자된다. 성평등을 국가 핵심 가치로 강조하는 우리 입장에서 보면, 이슬람세계에서 벌어지는 이러한 일들은 두말할 나위 없는 여성 억압이라 할 수 있다.

이슬람에서는 일부사처제를 여성을 억압하는 제도로 보지 않는다.[1] 오랜 세월 간직해 온 이슬람의 관행이며 규범이라 주장하기도 한다. 주변의 부정적인 시각에도 불구하고 무슬림들이 일부사처제를 고수하는 것은 이 제도가 이슬람의 신법(神法)인 샤리아가 허용한 사

---

1 『Polygamy in Islam』에서는 일부일처제가 여성의 권리를 보호하기보다는 남성의 권리를 보호한다고 주장한다. 남성은 자신에게 충성을 강요하는 일부다처제를 혐오하고, 대신 여성에 대한 책임을 회피할 수 있는 일부일처제를 지지한다는 것이다(Philips & Jones, 2005, pp.17-18). 일부일처제는 남성이 자신의 재산을 상속할 확실한 자식을 필요로 하게 되면서 여성의 성을 통제하게 되는 사유재산의 발생과 관계가 있다는 주장도 있다(안정국, 2007, 41-42쪽).

회규범이기 때문이다.[2] 일부사처제라는 용어 또한 샤리아에 근거한다. 샤리아는 남성이 특정 조건하에서 1명, 2명, 3명 또는 4명까지의 여성과 결혼하는 것을 허용한다. 그러나 4명을 초과하는 여성과 결혼하는 일부다처제는 단호히 금지한다.[3]

이 글은 일부사처제에 대한 샤리아 규범을 문헌학적 방법을 사용하여 정리하였다. 일부다처제를 다룬 선행 연구에서 코란과 하디스의 근거를 언급한 경우는 있지만,[4] 일부사처제에 대한 샤리아 규범을 체계적으로 다룬 연구는 발견되지 않는다. 샤리아 규범을 코란, 하디스(순니, 시아), 법학파(순니 4대 법학파) 순으로 살펴봄으로써 이슬람이 합법적인 제도로 허용하는 일부사처제의 세부 내용을 정리하였다.

샤리아 규범 제정은 순서와 절차가 정해져 있다. 특정 사안에 대한 샤리아 규범은 먼저 제1법원인 코란에서 찾아보고 관련 구절이 발견

---

2 1956년에 일부사처제를 폐지한 튀니지를 제외한 아랍 국가들 대부분(사우디아라비아, 아랍에미리트, 알제리, 바레인, 쿠웨이트, 리비아, 모로코, 수단, 예멘, 시리아 등)은 일부사처제를 합법적인 제도로 인정하고 있다. 또한 1926년에 일부사처제를 금지한 터키 외 대부분의 이슬람 국가들은 이를 허용하고 있다.

3 이슬람의 사회규범은 일부다처제가 아니라 일부사처제이다. 이슬람은 코란 제4장 3절을 통해 이슬람 이전 시대(자힐리야 시대, 450-622)의 제한 없는 일부다처제를 4명의 부인까지로 명백히 제한하였기 때문이다.

4 국내 주요 선행 연구로는 「레바논 무슬림의 일부다처 현상에 관한 연구」(2007), 「일부다처제는 가부장적인가?」(2008), 「한일 고대의 일부다처제」(2009), 「칼뱅에 따른 일부다처제와 독신주의」(2011)가 있다. 영어로 된 주요 선행 연구로는 『Polygamy in Islam』(2005), 「Polygamy in the Quran, Traditions, and Classical Shariah Law」(2005), 「Islamic concept of Polygamy, its Benefits and Impact on Society」(2015) 등이 있다. 여기에 언급된 선행 연구들을 포함하여 대다수의 연구들은 코란과 하디스(순나)의 내용들을 중심으로 일부다처제를 논의하였다. 이 글은 코란과 하디스(순나) 및 법학파들까지를 포함하는 온전한 샤리아의 맥락에서 일부사처제를 체계적으로 다루었다는 점에서 차별성을 확보하였다.

되면 그대로 적용한다. 코란에 적절한 언급이 없거나 또는 언급이 있지만 포괄적이거나 함축적인 경우에는 사도 무함마드(570-632)의 순나(하디스)에서 찾아보고 관련 언급이 있으면 그대로 적용한다. 사도의 순나(하디스)에 관련 언급이 없거나 또는 구체적이지 않을 경우 9-12세기에 활동했던 순니와 시아 법학파들의 법적 견해(파트와)들을 찾아보고 관련 언급이 있으면 이를 실천한다. 이처럼 하나의 샤리아 규범은 코란에서 시작해 순나(하디스)를 거쳐 법학파에 이르러 완성된다고 할 수 있다. 따라서 여기서는 일부사처제에 대한 샤리아 규범을 이상의 순서와 절차에 따라 정리하였다.

2. 코란의 일부사처제 관련 계시

일부사처제에 관한 코란 구절들은 다음과 같다.

ㅇ너희가 고아 소녀들에게 공정하고 공평하게 분배하지 못할 것이 두렵다면 너희가 좋아하는 2명, 3명, 또는 4명의 여성과 결혼하라. 그녀들에게 공정하고 공평하지 못할 것이 두렵다면 1명의 여성이거나 너희의 오른손이 소유한 것(노예)이다. 그것이 너희가 부정해지지 않는 가장 가까운 길이다.(제4장 3절)

ㅇ사도여, 우리(알라)는 네가 마흐르[5]를 지불한 여성들, 너의 오른손이 소유한 것(노예), 알라가 너에게 전쟁포로로 주었던 여성들, 삼촌의 딸들, 고모의 딸들, 외삼촌의 딸들, 이모의 딸들, 너와 함께 이주한 여성들, 너에게 스스로를 의탁한 믿는 여성들을 네가 부인으로 삼는 것은 허락하였다. 사도가 그녀들과 결혼하고자 원할 경우 허용되나 다른 믿는 이들에게는 허락되지 아니한다. 우리(알라)는 그들(믿는 이들)의 부인들과 그들의 오른손이 소유하고 있는 것에 관하여 명령했던 것을 알고 있다. 이는 너에게 죄가 되지 않게 함이다. 알라는 너그럽고 자비롭다.(제33장 50절)

ㅇ너희가 열렬히 희망한다 하더라도 여성들에게 공정하고 공평하게 할 수 없을 것이다. 한쪽으로 치우치지 말라. 그녀를 매달려 있는 것처럼 만들게 된다. 너희가 화해하고 알라를 두려워한다면 알라는 너그럽고 자비롭다.(제4장 129절)

코란 제4장 3절은 이슬람 이전(자힐리야) 시대에 만연하던 일부다처

---

5 신붓값, 혼납금, 혼례금이라는 용어로 사용되고 있으나 이는 올바른 해석이 아니다. 샤리아에서 마흐르는 신랑이 신부에게 지불하는 것으로 선물과 같은 의미이다. 사도 무함마드 시대에 마흐르의 지불은 혼인을 위한 필수조건으로 간주되었지만, 정확한 액수에 대한 언급은 없다. 마흐르는 놋쇠반지, 약간의 보리, 심지어는 한 움큼의 대추야자도 될 수 있다고 전해지며, 사도는 대부분의 부인들에게 500디르함 이상을 지불하지 않았다(조희선, 2015, 105-107쪽; 이상훈, 2016, 17쪽). 제7장 마흐르 참고.

코란은 제4장 3절을 통해 남성이 공정하고 공평한 분배를 한다는 전제조건하에서 4명까지의 부인들을 둘 수 있다고 허용하면서도, 제33장 50절을 통해 사도 무함마드는 이러한 규범에서 예외임을 밝히고 있다. 사진: 코란(이집트 알렉산드리아 도서관 소장)

제의 관습[6]을 철폐하려는 목적을 가지고 있었다. 이슬람 이전 시대에는 후견인(왈리)이 자신의 보호하에 있던 고아 소녀들과 결혼할 수 있었고, 보통의 여성들이나 고아 여성들과 수에 제한 없이 결혼하고 그녀들의 재산을 차지하거나 그녀들을 공정하고 공평하게 대우해 주지 않았다. 따라서 제4장 3절을 통해 한 남성이 공정하고 공평하게 분배한다는 전제조건하에서만 결혼할 수 있는 여성의 수를 4명까지로 제한한 것이다. 특히 이 구절은 시간과 부양(주거, 생활, 선물 등)에 있어서 모든 부인들에게 공정하고 공평하게 분배할 것을 명령한 것으로 이해된다. 제33장 50절은 사회 구제와 이슬람 확장을 위해 사도 무함마드에게는 다수의 결혼을 허락하였지만, 다른 무슬림에게는 4명을 초과하는 부인을 허락하지 않는다고 명령하였다(최영길, 1997, p.787). 제4장 129절은 제아무리 노력한다고 하더라도 여러 부인들에게 공정하고 공평하게 할 수 없는 남성의 본성을 지적하였다. 특히 남편의 사랑이나 애정이 모든 부인들에게 공정하고 공평하게 분배될 수 없음을 언급하고 있다.[7]

코란은 제4장 3절을 통해 남성이 공정하고 공평한 분배를 한다는

---

6 일부다처제는 당시 아랍인들만의 관습이 아니고 유대교, 그리스도교, 힌두교 등 대부분의 종교와 지역에서 허용되던 전통 관습이었다. 예언자 아브라함은 3명의 부인을, 야곱은 4명의 부인을, 솔로몬은 1천 명의 부인을 두고 있었다(Zahoor, 2015, p.33).

7 코란 제4장 3절과 제4장 129절이 서로 모순된다고 주장하는 이들은 이 구절들의 모순을 일부사처제의 금지 근거로 주장하고 있다(「Polygamy in the Quran, Traditions, and Classical Sharia Law」, p.10).

전제조건하에서 4명까지의 부인들을 둘 수 있다고 허용하면서도, 제 33장 50절을 통해 사도 무함마드는 이러한 규범에서 예외임을 밝히고 있다. 무함마드는 다음 표에서와 같이 13번 결혼하였다(최영길, 2005, 79-84쪽; 사피 알라흐만 알무바라크푸리, 2001, 561-571쪽).[8]

부인의 이름	부인의 신분	결혼할 당시의 나이 (부인/사도)	결혼 목적
카디자	미망인	40/25	
사우다	에티오피아 이주 미망인	40/49	무슬림 결속[9]
아이샤	아부바크르[10]의 딸	9/52	무슬림 결속
합사	미망인, 우마르[11]의 딸	20/54	무슬림 결속
자이납	전쟁 미망인	28/54	무슬림 결속
움마 쌀라마 힌드	미망인(+아이들)	29/55	부족 결속
자이납	미망인, 양자 (자이드)의 전처, 조카	37/56	이슬람 이전 관습 제거
주와이리아	전쟁포로(전리품)	20/57	부족 결속
움무 하비바 (라믈라)	미망인, 에티오피아 이주 무슬림	35/57	무슬림 여성 보호
사피아	전쟁포로, 유대인	17/57	부족 결속 및 종교 화합

8 사도 무함마드의 부인들 수와 이름은 자료들마다 약간의 차이가 있다.「Ages of Muhammad's Wives at Marriage」에서는 마리아와 라이하나 대신에 물라이카, 아스마, 아므라가 언급되고 있다.
9 사도 무함마드는 결혼을 통해 무슬림들 간의 결속을 도모하였다. 사도는 자신의 딸인 파띠마를 사촌인 알리와 결혼시켰고, 알리는 이후 제4대 정통칼리파(656-661 재위)가 되었다. 또한 무함마드는 자신의 두 딸인 움 쿨쑴과 루까이야를 제3대 정통칼리파가 된 우스만(644-656 재위)과 결혼시켰다(최영길, 2005, 81쪽).
10 제1대 정통칼리파로 632년부터 634년까지 재위.
11 제2대 정통칼리파로 634년부터 644년까지 재위.

마이무나	메카 힐랄 부족	35/58	부족 결속 및 종교 화합
마리아 빈트 샴문	이집트 총독의 공물, 콥트인		종교 화합
라이하나 빈트 자이드	전쟁포로, 유대인		부족 결속 및 종교 화합

사도 무함마드는 13번 중 7번을 미망인(과부나 이혼녀)과 결혼했고, 3번은 전쟁포로와 결혼했는데, 당시 전쟁포로란 노예 신분을 의미했다. 또 2명의 유대교 여성, 1명의 콥트교도 여성과 결혼했다. 각각의 결혼은 미망인과 고아의 구제, 무슬림들 간의 결속, 부족들 간의 결속, 타 종교와의 화합, 이슬람 이전의 관습 제거를 목적으로 했다.

샤리아의 제1법원인 코란은 모든 부인들에게 시간과 부양 일체를 공정하고 공평하게 분배한다는 특정한 조건하에서만 무슬림 남성에게 4명의 부인을 허용하였다. 그런데 무슬림은 알라의 절대적인 명령을 현실 생활에 적용하기 위해 '공정하고 공평한 분배'의 의미를 명확히 규명해야 할 필요성에 직면하였다. 무슬림은 난관에 봉착한 경우 사도 무함마드가 살아 있을 때는 사도에게 직접 묻고 답하는 방식으로 해결하였지만,[12] 사도가 사망한 뒤에는 그의 순나(말, 행동, 결정사항)를 수집하여 기록한 하디스에 의존할 수밖에 없었다.

---

12 무함마드는 단순히 알라의 말을 전달하는 예언자가 아니다. 무함마드는 코란을 상세히 해석하고 해설하며, 실제적인 본보기를 제시하고, 사람들에게 코란을 가르쳐 삶에 적용할 수 있도록 훈련시키는 사도이다(임병필, 2014, 25쪽).

---

3. 하디스의 일부사처제 관련 순나

여기서는 샤리아의 제2법원인 하디스[13](순니 6서, 시아 4서)에 언급된 관련 구절들을 정리하였다. 또한 샤리아의 제1법원인 코란과의 상관관계[14] 속에서 하디스 구절들을 살펴보았다.

1) 순니 6서[15]

○ 무함마드가 압다로부터 히샴으로부터 그의 아버지로부터 아이샤로부터 듣고 말하길, 코란 제4장 3절은 돈을 보고 고아 처녀들과 결혼하고 돈의 주인들을 공정하게 대우하지 않으며 돈에도 공정하지 못한 후견인 남성에 관한 내용이다. 고아들이 아닌 좋아하는 2명, 3명, 4명의

---

13 가장 널리 알려진 하디스에는 순니 6서와 시아 4서가 있다. 순니 6서는 싸히흐 알부카리(약 7,397개), 싸히흐 무슬림(약 10,000개), 수난 아부 다우드(약 4,800개), 수난 알나사이(약 5,000개), 수난(자미으) 알티르미디(약 3,956개), 수난 이븐 마자(약 4,341개)이다. 시아 4서는 알카피(약 16,199개), 만 라 야흐두루후 알파끼흐(약 5,963개), 키탑 알이스팁싸르(약 5,511개), 키탑 알타흐딥(약 13,590개)이다. 순니 하디스는 대체로 사도 무함마드의 순나가 기록된 것이지만, 시아 하디스는 사도의 순나와 더불어 이맘의 전승을 아우르고 있다(Brown, 2009, pp.124-125, p.138; 임병필, 2016, 163쪽). 여기서는 순니 6서의 경우 부카리본(本), 무슬림본, 나사이본, 아부 다우드본, 티르미디본, 이븐 마자본이란 명칭을 사용하였다.
14 법규범 측면에서 볼 때, 순나는 코란에서 제시한 규범을 확인하는 경우, 코란에서 제시한 규범을 해설·제약·한정하는 경우, 코란이 제시하지 않은 규범을 제정하는 경우의 3가지 관계 속에 놓여 있다(이원삼, 2002, 77-78쪽).
15 순니 6서를 정리한 웹사이트(https://sunnah.com/)에서 각 하디스의 결혼의 장을 검토하고, 일부사처제와 관련이 있다고 판단되는 구절들을 발췌하여 정리하였다.

여성들과 결혼하라는 것이다.(부카리본 5098)[16]

○ 핫다드가 압다로부터 사이드 빈 아부 아루바로부터 마으마르로부터 알주흐리로부터 살림 빈 압달라로부터 이븐 우마르로부터 듣고 말하길, 가일란 빈 살라마 알사까피가 무슬림으로 개종했을 때 10명의 부인들이 있었고 그녀들도 무슬림으로 개종했다. 사도 무함마드가 가일란에게 4명의 부인을 선택하라고 말했다.(티르미디본 1128, 이븐 마자본 1952)

○ 아흐마드 빈 이브라힘 알다우라끼가 후샤임으로부터 이븐 아부 라일라로부터 후마이다 빈티 알샤마르달로부터 까이스 빈 알하리스로부터 듣고 말하길, "저는 이슬람으로 개종했고 8명의 부인이 있습니다." 라고 하자, 사도가 "그녀들 중 4명만 선택하게."라고 말했다.(이븐 마자본 1951)

○ 아부 알왈리드 알따얄리시가 함맘으로부터 까타다로부터 알나드르 빈 아나스로부터 바시르 빈 나힉으로부터 아부 후라이라로부터 사도로부터 듣고 말하길, 2명의 부인이 있는 남성이 한 사람에게 치우친다면 최후 심판의 날에 그의 절반은 치우치게 된다고 말했다.(아부 다우드본 2133, 티르미디본 1141, 이븐 마자본 1968)

○ 무사 빈 이스마일이 함마드로부터 아이윱으로부터 아부 낄라바로부

---

16 하디스는 전언가 계보인 이스나드와 사도의 순나인 마튼으로 구성되어 있다. 이스나드는 '누군가가 누구로부터 듣고 말하길'에 해당하고, 마튼은 내용에 해당하는 부분이다.

터 압달라 빈 야지드 알카뜨미로부터 아이샤로부터 듣고 말하길, 사도
는 자신의 시간을 공정하고 공평하게 분배하였고, "알라여 이것이 제
가 통제하고 있는 것에 대한 저의 분배입니다. 당신이 통제하고 있는
것에 대해서는 제가 통제하지 못하니 벌하지 마소서."라고 말했다.(아
부 다우드본 2134, 티르미디본 1140, 이븐 마자본 1970)

○이브라힘 빈 무사가 이샴 빈 유숩으로부터 이븐 주라이즈로부터 아
따으로부터 듣고 말하길, 우리가 이븐 압바스와 함께 마이무나의 장례
식장에 참석했는데, 이븐 압바스가 "이분은 사도의 부인이니 관을 들
때 갑자기 움직이거나 흔들지 말고 살살 하게. 사도에게는 9명의 부인
들이 있었고, 8명의 부인들에게 공평히 분배하였지만 1명의 부인에게
는 그리하지 못하였다네."라고 말했다.(부카리본 5067, 나사이본 3196)

○이스마일이 술라이만 빈 빌랄로부터 히샴 빈 우르와로부터 히샴의
아버지로부터 아이샤로부터 듣고 말하길, 사도가 죽을병에 걸렸을 때
"나는 내일 어디에 있을까? 내일 어디에 있을까?"라고 물으며 아이샤의
날(아이샤의 몫으로 정해진 날)을 원했다. 이에 나머지 부인들이 원하는
대로 하라고 허락했고, 사도는 아이샤의 집에서 사망했다. 아이샤는,
사도가 내 순서 때 나의 집에 있었고 알라께서 그를 사망케 하셨다. 그
때 사도의 머리는 나의 목과 가슴 사이에 있었고, 그의 침이 나의 침과
뒤섞여 있었다고 말했다.(부카리본 5217, 아부 다우드본 2137)

○이브라힘 빈 아야꿉이 이븐 아비 마르얌으로부터 수프얀으로부터

아므루 빈 디나르로부터 아따으로부터 이븐 압바스로부터 듣고 말하길, 사도가 사망했을 때 몫을 분배한 9명의 부인들이 있었는데 사우다는 제외되었다. 그녀는 자신의 분배 몫을 아이샤에게 양도했다고 말했다.(나사이본 3197)

○아흐마드 빈 유누스가 압두라흐만으로부터 이븐 아비 지나드로부터 이샴 빈 우르와로부터 그의 아버지로부터 아이샤로부터 듣고 말하길, 사도는 매일 우리들 모두를 방문하였지만 부부관계를 하지는 않았고, 분배의 순서가 된 부인의 집에 머물렀다. 나이가 많았던 사우다는 사도가 자신과 이혼할까 두렵게 되자 자신의 분배 날을 아이샤에게 양도하겠다고 사도에게 말했다. 사도가 이를 허락하였고 그녀의 몫은 아이샤에게 양도되었다.(아부 다우드본 2135, 이븐 마자본 1971)

○아흐마드 빈 아므루 빈 알사르흐가 이븐 와흡으로부터 유누스로부터 이븐 시합으로부터 우르와 빈 알주바이르로부터 아이샤로부터 사도로부터 듣고 말하길, 사도는 여행을 갈 때 부인들에게 제비뽑기를 하게 했고 제비를 뽑은 이와 동행했다. 사도는 모든 부인들에게 낮과 밤을 공정하고 공평하게 분배하였고, 사우다는 자신의 날을 아이샤에게 양도했다.(아부 다우드본 2138, 이븐 마자본 1969)

○아부 살라마가 야흐야 빈 할프로부터 미셔르 빈 알무팟달로부터 칼리드 알핫다으로부터 아부 낄라바로부터 아나스 빈 말릭으로부터 듣고 말하길, 처녀와 결혼한 남성은 그녀의 집에 7일을 머문 뒤 나머지

부인들 간에 공정하고 공평하게 함께 할 시간을 분배하며, 미망인과 결혼한 남성은 그녀의 집에 3일을 머문다.(티르미디본 1139, 이븐 마자본 1915)

○아부바크르 빈 아부 샤이바가 야흐야 빈 자이드 알깟딴으로부터 수프얀으로부터 무함마드 빈 아부바크르로부터 압둘말릭으로부터 이븐 아부바크르 빈 알하리스 빈 히샴으로부터 그의 아버지로부터 움 살라마로부터 듣고 말하길, 사도는 움 살라마와 결혼하고 그녀의 집에 3일을 머물렀고, 원한다면 7일을 머물 수 있는데 그렇게 하면 다른 부인들에게도 7일씩을 머물러야 한다고 말했다.(이븐 마자본 1917)

○무샷다드가 이븐 주라이으로부터 사이드로부터 까타다로부터 아나스로부터 듣고 말하길, 사도는 하룻밤에 9명의 부인들 모두와 부부관계를 하였다.(부카리본 5068 · 5215, 나사이본 3198)

○알리 빈 알하캄 알안싸리가 아부 아와나로부터 라까바로부터 딸하 알야미로부터 사이드 빈 주바이르로부터 듣고 말하길, 이븐 압바스가 나(사이드 빈 주바이르)에게 결혼했냐고 묻기에 하지 않았다고 대답했다. 그러자 이븐 압바스는 "결혼하게. 이 나라에서 가장 훌륭한 분은 가장 많은 여성들과 결혼하였다네."라고 말했다.(부카리본 5069)

2) 시아 4서[17]

○알리 빈 이브라힘이 그의 아버지로부터 이븐 아비 우마이리로부터 자밀 빈 다르라즈로부터 아부 압달라로부터 듣고 말하길, 5명의 부인과 결혼한 남성은 4명만을 붙잡아야 한다.(푸루으 알카피 274)

○알후사인 빈 사이드가 싸프완 빈 야흐야로부터 압달라 빈 무스칸으로부터 알하산 빈 지야드로부터 아부 압달라로부터 듣고 말하길, 자유민 남성은 노예 여성과 결혼할 수 있지만 노예 남성은 자유민 여성과 결혼할 수 없고, 기독교인 남성과 유대교인 남성은 무슬림 여성과 결혼할 수 없다. 그러한 결혼은 무효이다. 내가 2명의 부인이 있는 사람에게 어느 한쪽을 더 사랑할 수 있느냐고 묻자, 그는 그렇다고 대답했다. 그는 3일 밤은 더 사랑하는 부인에게 가고, 하룻밤은 다른 부인에게 갈 수 있다고 말했다. 남성은 4명의 부인과 결혼할 수 있고 밤들을 그가 원하는 대로 할 수 있기 때문이다.(키탑 알타흐딥 1424)

○이븐 아비 우마이르로부터 함마드로부터 알할라비로부터 아부 압달라로부터 듣고 말하길, 남성이 처녀랑 결혼하면 3일 밤을 같이 보내는 것이 좋다.(키탑 알타흐딥 1425)

○알나드리 빈 수와이드로부터 무함마드 빈 아비 함자로부터 알하드

---

17 시아 4서 각각의 결혼의 장을 검토하고 일부사처제와 관련이 있는 구절들을 발췌하여 정리하였다.

라미로부터 무함마드 빈 무슬림으로부터 듣고 말하길, 나는 부인이 있는 한 남성이 처녀와 결혼하면 7일을 그녀의 집에 머물러야 하고, 미망인과 결혼하면 3일을 그녀의 집에 머물러야 한다고 아부 자으파리에게 말했다.(키탑 알타흐딥 1425)

○알압바스 빈 아미르로부터 아반 빈 우스만으로부터 압두라흐만 빈 아비 압달라로부터 듣고 말하길, 내가 노예 남성이 자유민 여성과 결혼하는 것에 대해 묻자, 노예 남성은 자유민 여성과 결혼할 수 없지만 자유민 남성은 노예 여성과 결혼할 수 있다. 자유민 여성에게는 이틀 밤이며, 노예 여성에게는 하룻밤이라고 말했다.(키탑 알타흐딥 1425)

○아흐마드 빈 무함마드 빈 이사가 알리 빈 알하캄으로부터 압둘말릭 빈 우트바 알하시미로부터 듣고 말하길, 내가 아부 알하산에게 2명의 부인이 있는 남성이 한 명에게 옷과 선물을 더 주게 되는 것에 관해 물었다. 그가 그것은 괜찮지만, 둘 사이를 공정하고 공평하게 대우하려고 노력하는 것이 좋겠다고 말했다.(키탑 알타흐딥 1426)

○무암마르 빈 칼라드로부터 듣고 말하길, 내가 아부 알하산에게 여러 명의 부인을 둔 남성이 그녀들 중 누군가를 더 사랑하는 것에 관해 묻자, 그것은 아니 된다고 하면서 노예 여성들에게는 괜찮다고 말했다.(키탑 알타흐딥 1426)

○알하산 빈 마흐붑이 이브라힘 알카르키로부터 듣고 말하길, 내가 아부 압달라에게 4명의 부인이 있는 남성이 3명의 부인들에게는 그녀들

의 밤에 그녀들의 집에 머물면서 부부관계를 하지만, 나머지 한 부인에게는 그녀의 밤에 부부관계를 하지 않으면 죄가 되는지에 관해 물었다. 아부 압달라는 아침까지 그녀의 집에 머물러야 하지만 원하지 않는다면 부부관계를 하지 않아도 된다고 말했다.(키탑 알타흐딥 1426)

일부사처제와 밀접한 관련이 있는 것으로 판단된 순니 6서의 구절들(14개)과 시아 4서의 구절들(8개)은 모두 코란 제4장 3절(일부사처제의 제한적 허용, 시간과 부양의 공정하고 공평한 분배)과 제4장 129절(사랑과 애정의 공정한 분배)의 내용을 확인하거나 해설·제약·한정하는 내용들이다. 순니 6서의 마지막 2개 구절들은 사도 무함마드가 일부사처제의 규범에서 예외라는 것을 언급하는 제33장 50절과 관련이 있다. 순니 하디스와 시아 하디스 간에 약간의 견해 차이는 있지만, 그들은 전체적으로 코란의 일부사처제를 불변의 규범으로 수용하면서 부인들에 대한 공정하고 공평한 대우 및 분배와 관련된 구체적인 내용들(시간의 공정한 분배, 분배된 몫의 양도, 제비뽑기를 통한 여행 동반자 결정, 신부가 처녀인지 미망인인지에 따른 신혼 기간 차이, 옷과 선물의 공평한 분배, 사랑의 공평한 분배 등)을 제시하고 있다.

일부사처제는 이슬람이 인정하는 합법적인 결혼제도이지만, 이슬람의 보편적인 결혼제도는 아니다. 모든 부인들에게 공정하고 공평한 대우와 분배의 전제조건을 충족할 경우에만 허용되는 제한적 제도이다. 모든 무슬림 남성들이 4명의 부인들과 결혼해야만 하는 것은 아니다. 쌍방의 동의에 의해 1명, 2명, 3명, 또는 4명의 부인까지를 허용하는 선택적 제도이다. 사진: 일부이처(두바이)

4. 순니 4대 법학파의 일부사처제에 관한 법적 견해

법학파[18]는 샤리아 1차법원들인 코란과 하디스(순나)의 규범들을 바탕으로 하여 이즈마으와 끼야스 등의 2차법원들을 통해 동시대의 현실생활에 필요한 세부적이고 구체적인 규정들을 제정하였다. 여기서는 사랑의 공평함, 분배의 방식, 신부의 분배 권리와 권리의 포기, 여행 시 동행할 부인의 선택, 남편이 부인들을 한집이나 한 침대에 살게 하는 것에 대해 언급한 순니 4대 법학파들의 법적 견해들을 정리하였다.

법학파들은 분배(까삼)의 문제에 집중했다. 아랍어 용어 까삼은 분배, 몫이란 뜻이지만, 법리론에서는 각각의 부인들에게 시간이나 부양을 공정하고 공평하게 분배하는 것을 의미한다. 남편이 부인들에게 공정하고 공평하게 분배한다는 문제는 코란 제4장 3절("너희가 공

---

18 사도 무함마드 사후 상당수의 싸하바(교우)들이 독자적인 법학파를 창설하였으나 9-12세기경에는 대부분이 통합되거나 소멸되었다. 순니 이슬람세계에서는 하나피, 말리키, 샤피이, 한발리 법학파의 4대 법학파가, 시아 이슬람세계에서는 자으파리, 자이디 법학파가 유명하며, 오만의 공인 법학파인 이바디 법학파도 주목할 필요가 있다. 일반적으로 하나피 법학파의 영향 지역은 터키, 발칸 국가들, 시리아, 레바논, 요르단, 팔레스타인, 이집트 일부, 이라크 일부, 코카서스, 중앙아시아, 파키스탄, 방글라데시, 인도, 러시아이며, 말리키 법학파의 영향 지역은 이집트 북동 지역, 서아프리카, 차드, 수단, 바레인, 쿠웨이트, 아랍에미리트, 사우디아라비아 북동부 지역이다. 샤피이 법학파의 영향 지역은 지부티, 소말리아, 에티오피아, 이집트 동부, 예멘, 레바논, 요르단 일부, 사우디아라비아 일부, 인도네시아, 말레이시아, 스리랑카, 태국, 싱가포르이고, 한발리 법학파의 영향 지역은 사우디아라비아와 카타르이다. 자으파리 법학파의 영향 지역은 이란과 이라크 일부 지역으로 알려져 있다. 한편 이집트에 하나피, 말리키, 샤피이 법학파가 공존하고 있듯이 법학파의 영향 지역은 명확하게 구분되지 않는다(임병필, 2018, 98-111쪽).

정하지 못할 것이 두렵다면 한 사람(여성)이라.")과 제4장 129절("너희가 열렬히 희망한다 하더라도 여성들에게 공정하고 공평하게 할 수 없을 것이다.")에서 제기된 것이다.

법학파들은 남편이 부인들에게 공정하고 공평하게 분배한다는 것에는 세 가지 전제조건이 있다고 보았다. 첫째는 이성이다. 남편이 정신이상인 경우 분배는 의무가 아니다. 부인이 정신이상이지만 남편의 집에 조용히 거주하고 부부관계가 가능하다면 그녀에 대한 남편의 분배는 의무이지만 그렇지 않다면 의무가 아니다. 둘째는 남편이 성인이어야 한다. 남편이 아내와 부부관계를 하고 쾌락을 느낄 수 있어야 한다는 것이다. 남편이 미성년자[19]라면 분배는 의무가 아니다. 부인이 미성년자이고 부부관계가 불가능하다면 남편의 분배는 의무가 아니지만, 부인이 미성년자라도 부부관계가 가능하다면 그녀에 대한 남편의 분배는 의무이다. 말리키 법학파는 남편이 성인이어야 한다는 것은 전제조건이지만, 부인이 성인이어야 한다는 것은 전제조건이 아니며 부부관계를 할 수 있다면 충분하다고 보았다. 셋째는 부인이 불복종하지 않아야 한다.[20] 부인이 남편에게 순종하지 않는다면 그녀

---

19 법학자들은 남성은 19세, 여성은 15세가 되면 성인이 된다고 보았다(David, 1985, p.11).
20 불복종이라는 말에 부인이 행하는 모든 상황과 경우가 다 포함된 것은 아니지만, 단식할 때나 외출할 때와 같은 경우 남편의 허락을 득해야 한다는 의미가 포함된다. 남편이 부부관계를 원할 때 거부하지 않아야 한다는 의미도 포함된다. 이슬람은 남녀 간의 평등이 조화로운 결혼생활을 위한 필수조건은 아니며, 오히려 남녀 간의 차이와 서로 다른 역할에 대한 이해가 중요하다고 본다(Philips & Jones, 2005, pp.32-39).

에게는 남편의 공정하고 공평한 분배를 요구할 권리가 없다.

그 외에도 법학파들은 부인이 생리, 해산, 수술, 중병 등과 같은 상태에 있어 부부관계에 장애가 된다고 해서 남편의 공정하고 공평한 분배가 중단되는 것은 아니며, 남편이 성기 절단, 성 불능, 중병 중에 있다고 하더라도 부인의 공정하고 공평한 분배가 중단되지 않는다는 공통의 견해를 제시하고 있다.

1) 사랑의 공평함

코란 제4장 129절("너희가 열렬히 희망한다 하더라도 여성들에게 공정하고 공평하게 할 수 없을 것이다. 한쪽으로 치우치지 말라…")에서 보듯, 부부관계와 사랑의 공평함은 선택할 수 있는 것이 아니다. 애정과 사랑은 남성의 본성에 속한 부분이기 때문이다. 남편은 부인을 사랑하지 않는다고 해서 부부관계 없이 내버려 두어서는 안 되며, 이때는 부인의 요구를 회피하거나 부인과 이혼해야 한다.

부인에게는 남편의 요구를 회피할 권리가 있으며, 까디(판관)가 이러한 상황에 대해 특정한 결정을 내릴 수 있는지의 문제가 제기된다. 이에 대해 법학파들은 독자적인 견해를 제시하고 있다.

첫째, 하나피 법학파는, 한 남성이 어떤 여성과 결혼을 했고 남편이 부인의 노예였거나 부인이 남편의 여종인 경우가 아니라면, 부인이 신혼 기간 동안 자신의 집에 거주할 것을 남편에게 요구할 권리가 있다고 본다. 그러나 1주일을 초과할 수는 없다. 부인은 남편에게 부부관계를 요구할 권리가 있으며, 남편이 이를 회피하면 죄가 된다. 일부 법학자들은 남편이 부인의 요구를 회피하면 재판을 받아야 한다고 주장한다. 판관은 남편을 부인의 집에 일정 기간 머물게 하거나 부부관계를 명령할 수도 있다.

둘째, 말리키 법학파는, 남편이 부부관계를 회피한 경우 그에게 부부관계를 강제하지는 않는다. 단, 남편이 다른 부인을 위한 힘을 축적하기 위해 고의로 회피하지 않아야 한다. 한 부인의 순서가 되고 그녀가 부부관계를 원하는데 남편이 더 아름다운 다른 부인과 부부관계를 갖기 위해 힘을 축적하려고 부부관계를 거부하는 것은 하람(금지)이라는 것이다. 결혼 이후 남편이 부부관계를 하지 않고 부인을 방치해 두었다면, 그녀는 판관에게 이를 하소연할 수 있고 판관은 남편에게 4일마다 한 번은 그녀와 밤을 같이 보낼 것을 명령할 수 있다. 남편이 부부관계가 너무 적다고 불평하거나 부인이 너무 많다고 불평하면, 판관은 남편이 가능한 대로 하되 특별히 횟수를 제한하지는 않는다.

셋째, 샤피이 법학파는, 남편이 부인들 간에 부부관계를 공평하게 하는 것, 전희를 통한 성적 쾌락을 공평하게 하는 것, 의복과 부양비를 공평하게 하는 것을 의무라고 보지 않는다. 남편은 각각의 부인이 요구하는 부양비를 지불하면 되며, 이러한 사항들은 공평한 분배의 문제가 아니라는 것이다. 부인에게는 남편에게 부부관계를 요구할 권리가 없다고 보는데, 이는 결혼을 남성의 성적 쾌락을 위한 것으로, 부부관계를 전적으로 남편의 권리로 보기 때문이다. 남편이 성기 절단 상태나 성 불구라면 부인에게는 결혼 계약을 취소할 권리가 있다.

넷째, 한발리 법학파는, 남편이 각각의 부인들에게 부부관계, 전희, 키스에서 모두 공평하게 해야 한다는 것을 의무라고 보지 않는다. 부양비, 의상, 욕망에서 부인들에게 공평하게 하는 것이 남편의 의무라고 보지도 않는다. 그러나 잇다[21] 기간이 아니라면 4개월마다 한 번은 부부관계를 하는 것이 남편의 의무라고 본다. 남편이 4개월 이상 부부관계를 하지 않겠다고 맹세(일라으[22])를 하였다면, 4개월 뒤에는 부부관계를 가져야 한다. 성적 쾌락은 부부의 공통 권리이기 때문이다.

2) 분배의 방식

남편은 형편에 따라 부인들에게 시간을 공정하고 공평하게 분배해야 한다. 낮에 일하는 사람은 밤시간을 분배해야 하며, 밤에 일하는 사람은 낮시간을 분배해야 한다. 이에 대해 법학파들은 독자적인 견해를 제시하고 있다.

---

21 미망인(과부, 이혼녀)이 재혼을 하기 위해 기다려야 하는 재혼 금지 기간.
22 일라으로 선언된 기간이 4개월을 경과하여도 남편이 부인과 부부관계를 갖지 않을 경우, 부인에게는 법원을 통해 정상적인 부부관계나 이혼을 요구할 권리가 있다. 남편이 지연시킬 경우 판관이 부인을 보호하기 위해 이혼을 선언할 수 있다. 일라으에 의한 이혼은 이혼 관례에 따라 잇다를 준수해야 한다. 더 자세한 것은 최영길, 1985, 326-328쪽 참조.

첫째, 하나피 법학파는, 한 부인에게 분배된 밤에 남편이 다른 부인에게 가서는 아니 된다고 본다. 해가 진 이후에 남편이 순서가 아닌 부인에게로 간다면 죄를 짓게 된다. 낮시간에 남편이 순서가 아닌 다른 부인에게 가는 것은 금지되지 않지만, 순서가 아닌 부인과 부부관계를 하는 것은 하람(금지)이다. 남편이 부인의 병문안을 간다거나 병이 깊은 경우 치유될 때까지 순서가 아닌 부인의 집에 머물 수는 있지만 부부관계를 하는 것은 아니 된다.

둘째, 말리키 법학파는, 남편이 부인들과 함께 어떤 지역에 거주한다면 시간을 하루 단위로 공정하고 공평하게 분배해야 한다고 본다. 남편과 부인들이 같은 지역은 아니지만 가까운 지역에 살고 있다면 하루 단위로 분배해야 하지만, 서로 먼 곳에 거주하고 있다면 상황에 따라 1주일이나 1개월 단위로 분배할 수 있다.

셋째, 샤피이 법학파는, 분배의 가장 작은 단위가 1일밤이라고 보고 부인들 각자에게 며칠 밤씩을 분배하는 것은 허용하지 않는다. 이런 방식이 혼란스럽고 무질서하다고 보기 때문이다. 가장 좋은 방식은 1일밤씩 분배하는 것이며, 3일을 초과해서는 아니 된다. 분배 시간을 변경할 경우에는 누가 먼저 시작할지, 어떤 순서로 할지를 제비뽑기로 정해야 한다. 밤에 일하는 사람은 낮시간을 분배하게 되는데, 중병인 경우처럼 반드시 필요한 경우를 제외하곤(일상적인 질병인 경우는 안 됨) 낮시간에 순서가 아닌 부인에게 가는 것은 금지된다. 밤시간에 필요한 일이 있어 순서가 아닌 부인에게 갈 수는 있지만 부부관계를 하는 것은 하람이다.

넷째, 한발리 법학파는, 분배는 1일밤씩이며, 부인들 모두가 동의하지 않는다면 이를 초과할 수 없다고 본다.

3) 신부의 분배 권리와 권리의 포기

신부가 처녀인 경우 7일 동안 자신의 집에 머물 권리가 있으며, 이는 공평한 분배에 포함되지 않는 선물이다. 신부가 미망인(과부, 이혼녀)이라면 사흘밤을 자신의 집에 머물 권리가 있다. 이 기간이 끝나고 나면 다른 부인들과의 공평한 분배가 시작된다. 하나피 법학파는 처녀일 경우 7일 동안, 미망인일 경우 3일 동안 신부의 집에 머물게 되는데, 이후 나머지 부인들에게도 동일한 기간을 보상해야 한다고 본다.

한 부인은 자신의 분배 몫을 다른 부인에게 양도할 수 있으며, 양도했던 것을 되돌릴 수도 있다. 이에 대해 각 법학파는 독자적인 견해를 제시하고 있다.

첫째, 하나피 법학파는, 한 부인이 돈을 받고 다른 부인에게나 남편에게 자신의 분배 몫을 양도하는 경우에 대해, 일부 법학자들은 양도가 정당하다고 본 반면에 또 다른 일부는 무효라고 주장한다.

둘째, 말리키 법학파는, 한 부인이 남편을 기쁘게 한다는 조건으로 자신의 순서를 다른 부인에게 양도하는 것은 허용된다고 본다. 이때 남편이 자신의 몫을 양도한 부인이 지명하지 않은 다른 부인에게 자신의 권리를 행사하는 것은 부당하다. 한 부인이 남편에게 자신의 몫에 대한 권리를 주었다면, 남편은 자신이 좋아하는 부인에게 이 권리를 행사할 수 있다. 한 부인은 자신의 몫을 돈이나 기타 보상을 받고 남편이나 다른 부인에게 판매할 수도 있는데, 다른 부인에게 이를 팔 때는 남편을 만족시키기 위해서만 허용된다. 다른 부인이 몫을 샀을 때는 구매한 이의 몫이 되며, 남편이 이를 샀을 때는 남편이 원하는 부인을 지정할 수 있다. 부인이 자신의 몫을 항상 파는 것은 허용되지 않으며, 판매는 일부만 허용된다. 그러나 아무런 대가 없이 자신의 몫을 양도하는 것은 언제나 가능하며, 남편이 자신의 몫을 양도한 부인을 보호하고 편안한 삶을 지속할 수 있도록 일정한 대가를 주는 것은 허용된다.

셋째, 샤피이 법학파는, 한 부인은 남편의 만족을 위해서라는 조건으로 자신의 몫을 특정 부인에게 양도할 수 있다. 이때 남편은 몫을 양도받은 부인이 마음에 들지 않는다 하더라도 그녀의 집에 머물러야 한다. 한 부인은 부인들 모두에게 자신의 몫을 줄 수 있는데, 이때는 각각의 부인이 몫을 받는다. 그녀가 남편에게 자신의 몫을 주었다면 남편은 자신이 원하는 부인을 지정할 수 있으며, 자신의 몫을 준 부인은 이에 대한 보상을 받을 수 없다. 부인은 자신의 몫에 대한 양도를 되돌릴 수 있는데, 향후의 몫에 대한 권리는 보장되나 지나간 몫에 대해서는 절반의 것만 인정된다.

넷째, 한발리 법학파는, 한 부인이 남편의 허락을 받아 자신의 모든 몫에 대한 권리나 일부를 다른 부인에게 양도하는 것은 가능하다고 본다. 그녀는 남편에게 이를 선물로 줄 수 있으며, 남편은 이를 자신이 원하는 부인에게 행사할 수 있다. 부인이 자신의 몫을 돈을 받고 파는 것은 정당하지 않다. 한 부인이 보상을 조건으로 자신의 몫을 주었는데 보상을 받지 못했다면, 남편은 이에 대한 보상으로 자신의 몫을 준 부인과 함께 일정한 시간을 보내야 한다. 일부 법학자들은 한 부인이 자신의 몫에 대한 권리를 양도하는 경우 보상으로 돈을 받을 수 있으며, 이를 되돌릴 경우 향후의 권리는 행사할 수 있지만 지나간 것에 대해서는 권리가 없다고 본다.

4) 여행 시 동행할 부인의 선택

남편이 이사하면서 일부 부인들을 버려두고 가는 것은 허용되지 않는다. 이사하는 지역에서 모든 부인들과 함께 살 수 없는 경우라면, 같이 가기를 원하지 않는 부인들과는 이혼해야 한다. 제비뽑기를 해서 부인들 중 일부가 남편을 따라가 일정 기간을 같이 보내는 것은 가능하다.

남편이 무역, 원정, 순례, 요양 등과 같은 목적을 위해 여행을 가는 경우에 대해 법학파마다 독자적인 견해를 제시하였다.

첫째, 하나피 법학파는, 남편이 다른 지방으로 여행을 갈 때 동행할 부인을 직접 선택할 수 있다고 본다. 남편은 여행의 어려움을 판단해 부인들 중 누가 합당한지를 잘 알 수 있으며, 집안을 관리하는 데 누가 필요한지를 판단할 수 있다는 것이다. 일부 법학자들은 모든 부인들이 여행과 집안 관리에 적합한 경우라면 제비뽑기가 가장 좋은 방법이라고 본다. 남편이 한 부인과 여행을 할 경우 그 기간은 그녀의 분배 시간에서 공제되며, 여행에서 돌아왔을 때 다른 부인들과의 공정하고 공평한 시간 분배를 위해 여행에 동반했던 부인과는 특정 기간 동안 같이 보낼 수 없다. 부인 혼자 여행을 하고 돌아왔다면 (남편의 허락을 받았더라도) 남편에게 여행 기간에 대한 자신의 몫을 요구할 권리가 없다. 지난 것은 되돌릴 수 없기 때문이다.

둘째, 말리키 법학파는, 남편이 여행, 순례, 원정을 갈 때 제비뽑기 없이 자신과 같이 갈 부인을 선택할 수 있다고 본다. 일부 법학자들은 이와 같은 상황은 순례와 원정이 아닌 경우에 해당되고, 순례와 원정일 경우에는 제비뽑기를 해야 한다고 주장한다.

셋째, 샤피이 법학파는, 이사를 가지 않는 짧은 여행의 경우 제비뽑기를 통해 같이 갈 부인이 결정된다고 본다. 부인이 남편의 허락 없이 여행을 가거나 남편의 허락을 받았더라도 사적 업무를 위해 여행한 경우라면, 여행 기간에 대한 자신의 분배 몫을 요구할 권리는 없다. 남편의 허락이 없는 상태에서 부부가 동반 여행을 했다면 부인에게는 여행 기간에 대한 분배의 권리가 있다.

넷째, 한발리 법학파는, 결혼한 남성이 (길거나 짧거나) 여행을 가고 부인들이 동행하기를 원한다면 제비뽑기를 통해 동행할 부인을 결정할 수 있다고 본다. 남편은 부인과의 동행 없이 여행할 수도 있고, 제비를 뽑은 부인과 동행할 수도 있다. 남편이 제비뽑기 없이 1명의 부인과 여행을 했다면 죄를 짓는 것이며, 그녀와 함께 보냈던 기간만큼 나머지 부인들에게도 보상을 해야 한다. 남편이 2명의 부인들과 여행을 하고 같은 공간에 있지 않다면, 2명의 부인들 간에 공정하고 공평한 분배가 이루어져야 한다.

5) 부인들을 한집이나 한 침대에 살게 하는 것

집에 여러 개의 방이나 층이 있고 방이나 층마다 문이 있으며 수돗물과 부엌이 있고 빨랫대가 있다면, 남편은 부인들의 동의와 상관없이 이 집에 부인들을 모두 함께 살게 할 수 있다. 단 각각의 주거 공간은 불공평함을 해소하기에 적합한 곳이어야 한다. 집에 여러 개의 방이 있지만 문, 수돗물, 부엌, 빨랫대가 하나밖에 없는 경우, 남편은 이 집에 부인들 모두를 함께 살게 하려면 부인들의 동의를 받아야 한다. 부인들이 동의하지 않는다면 남편은 각각의 부인들에게 적합한 주거 공간을 필수적으로 준비해야 한다. 방이 하나밖에 없지만 부인들이 함께 거주하는 것에 동의한다면 허용된다. 부인들이 동의를 한다면 여행을 할 때 하나의 천막이나 하나의 침대에서 같이 머무는 것도 허용된다. 그러나 다른 부인들 앞에서 부부관계를 하는 것은 혐오스런 일(마크루흐)이다. 말리키 법학파는 부부관계가 없다고 하더라도 하나의 침대에 부인들이 같이 자는 것을 금지한다. 일부 법학자들은 이러한 상황은 금지가 아니라 혐오 행위라고 본다.

법학파들은 일부사처제가 코란과 하디스(순나)를 통해 샤리아 규범으로 확정되었다고 보았기 때문에, 이에 대한 어떠한 견해도 표명하지 않았다. 그러나 순니 4대 법학파들은 공평하고 공정한 분배에 대한 코란과 하디스(순나)의 내용이 현실사회에 적용하기에는 구체성이 부족하다고 보고 사랑의 공평함, 분배의 방식, 신부의 분배 권리와 권리의 포기, 여행 시 동행할 부인의 선택, 남편이 부인들을 한집이나 한 침대에 살게 하는 것에 대해 공통의 또는 서로 다른 견해를 구체적이고 상세하게 제시하였다. 또한 동일한 법학파 내에서도 특정 사안에 대해서는 서로 다른 견해를 제시함으로써 동일한 환경 내의 다양한 사람들과 상황들을 아우를 수 있는 실용적인 규범을 생산하고자 노력하였다.

5. 일부사처제는 선택적 제도

이슬람 이전(자힐리야) 시대 아라비아 반도에서는 힘 있고 부유한 남성들이 수에 제한 없이 원하는 만큼의 부인들을 취할 수 있었다. 이슬람은 수의 제한이나 조건 없는 일부다처제를 4명의 부인들까지로 제한하고, 모든 부인들에게 공정하고 공평하게 대우해야 한다는 전제조건을 붙였다. 1명 이상의 부인들과 결혼하기를 원하는 남성은 모든 부인들에게 마흐르, 부양(주거 및 생활), 부부관계 등의 측면에서 공정하고 공평한 대우와 분배를 해야만 한다. 코란은 남성이 이런 조건을 완전하게 충족하지 못할 것을 알고 있었다. 그럼에도 불구하고 1명 이상의 부인들이 있는 이슬람 초기의 무슬림들과 이를 희망하는 이후 세대 무슬림들을 위해 올바른 길(샤리아)을 명확하게 제시하였다.

이슬람은 코란, 순나(하디스), 법학파를 아우르는 샤리아를 통해 일부사처제에 관한 구체적인 규범들을 제정하였다. 코란은 모든 부인들에게 공정하고 공평한 분배를 해야 한다는 조건하에 일부사처제를 보편적이고 항구적인 규범으로 선언하였다. 하디스(순나)는 일부사처제의 규범이 신법(神法)임을 확인하면서도, 공정하고 공평한 분배라는 코란의 포괄적이고 함축적인 전제조건의 내용을 시간의 공정한 분배, 분배된 몫의 양도, 제비뽑기를 통한 여행 동반자 결정, 신부가 처녀인지 미망인인지에 따른 신혼기간 차이, 옷과 선물의 공평한 분배, 사랑의 공평한 분배 등으로 좀더 구체적으로 설명·제약·한정하였다. 이후 9-12세기에 샤리아의 구체적인 규범들을 확정하였던 법학파들은 사랑의 공평함, 분배의 방식, 신부의 분배 권리와 권리의 포기, 여행 시 동행할 부인의 선택, 남편이 부인들을 한집이나 한 침대에 살게 하는 것에 대해 공통의 또는 서로 다른 견해를 구체적이고 상세하게 제시하였다.

일부사처제에 대한 샤리아 규범 제정 과정		
코란(3개 구절)	하디스(20여 개 구절)	순니 4대 법학파(분배에 대한 5개 항목)
· 일부사처제 확정 · 공정하고 공평한 대우 요구	· 공정하고 공평한 대우와 분배에 대한 구체적인 사례 제시	· 공정하고 공평한 대우와 분배에 대한 구체적이고 상세한 실천 규범 제정
지역에 따라 거의 차이가 없는 샤리아 규범		지역에 따라 다소 차이가 있는 샤리아 규범

구체적이고 상세한 샤리아 규범에도 불구하고, 일부사처제가 가부장적 남성우월주의 사회의 산물로 인식되는 상황을 완전히 불식시키기는 어렵다. 그러나 일부사처제가 이슬람을 방어하고 확장하기 위한 전쟁들에서 발생한 미망인과 고아들을 위한 사회보장책의 일환으로 제정된 사회규범이라는 점을 간과해서는 안 된다. 일부사처제는 이슬람이 인정하는 합법적인 결혼제도이지만, 이슬람의 보편적인 결혼제도는 아니다. 이는 모든 부인들에게 공정하고 공평한 대우와 분배의 전제조건을 충족할 경우에만 허용되는 제한적 제도이다. 모든

무슬림 남성들이 4명의 부인들과 결혼해야만 하는 것이 아니다. 쌍방의 동의에 의해 1명, 2명, 3명, 또는 4명의 부인까지를 허용하는 선택적 제도이다. 이슬람은 결혼을 남녀 쌍방 간의 협의와 동의를 통해 성사되는 계약으로 본다. 여성의 동의가 결혼의 필수조건이라는 점에서, 일부사처제는 남성에 의한 강제적 규범이 아니다. 결혼한 이후에도 남편은 부인들의 동의를 통해 부양의 문제를 비롯하여 부부관계에 이르기까지 공정하고 공평한 분배와 대우를 위해 노력해야 한다.

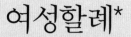

여성할례*

―여성할례는 일부 무슬림의 관행이다

* 이 글은『한국중동학회논총』제40권 제2호(2019)에「여성할례에 대한 샤리아」라는 제목으로
게재된 글을 수정 · 보완한 것이다. 아랍어 자료와 참고문헌은 편집의 어려움과 가독성을 고려
하여 생략하였다.

1. 여성할례는 이슬람과 무관하지 않아

『2018년 세계보건기구(WHO) 보고서』에 따르면 여성할례[1]가 29개국 여성 약 200만 명에게 해마다 시술되고 있다. 특히 탄자니아와 토고는 여성의 95%, 가나와 케냐는 93%, 부르키나파소는 90%, 이집트는 88%, 베닌은 86%가 할례를 받는 것으로 조사되었다.[2] 이 국가들 중 대다수가 아프리카에 위치하고 일부는 중동과 동남아시아에 위치해 있으며, 22개국이 이슬람협력기구(OIC)의 회원국들이다.

일부 선행 연구[3]에서는 여성할례의 주 목적이 성적으로 민감한 부

---

1 여성 성기 절제(Female Genital Mutilation/FGM), Female Genital Cutting/FGC), 음핵 절제(Clitoridectomy), 음부 봉쇄(Infibulations)란 용어들도 많이 사용되나, 여기서는 Female Circumcision에 대한 우리말 번역어인 여성할례라는 용어를 사용하였다.

2 UNICEF global databases 2018(https://data.unicef.org/topic/child-protection/female -genital-mutilation/)

3 할례에 관한 국내·외 선행 연구는 상당히 많다. 「이슬람사회의 통과의례」(1995), 「아프리카의 여성할례와 문제점」(2002), 「아프리카 여성할례와 인권문제」(2005), 「이슬람의 할례에 관한 연구」(2006), 「이슬람 여성의 할례를 보는 다양한 시각에 대한 소고」(2008), 「할례에 대한 문화적 견해 차이」(2010), 「구약성서에 나타난 할례의 의미 변천에 관한 연구」(2014), 「Islamic Law and the Issue of Male and Female Circumcision」(1995), 「Religious Circumcision: a Muslim View」(1999), 「Male Circumcision」(2007), 「Islamic Law, Delinking Female Genital Mutilation/ Cutting from Lslam」(2008), 「Female Circumcision under Islamic Jurisprudence in the Sudan」(2009), 「Female Circumcision in Islam」(2013),

분을 제거하여 성욕을 억제하거나 외도를 막는 것이고,[4] 이는 일부다처제가 보편적인 이슬람권에서 남편이 모든 부인을 성적으로 만족시켜 주는 것이 쉽지 않기 때문이라고 주장하고 있다(홍진주, 2002, 164쪽; 조부연, 2005, 230쪽). 또한 여성할례를 정당화하는 근거는 아프리카의 전통, 이슬람의 전통,[5] 할례를 받지 않는 여성의 불결성, 여성이 되는 관문, 정숙한 여성의 보장(조부연, 2005, 230-232쪽)이라고 하였다.

WHO 보고서와 선행 연구를 보면 여성할례가 이슬람과 무관하지 않다는 것을 알 수 있다. 이슬람의 성서인 코란에 여성할례를 명령하

「The Islamic View on Female Circumcision」(2012), 「Women's Rights, and State Law」(2015), 「Female Genital Mutilation in Shī'a Jurisprudence」(2018), 「FGM in the Context of Islam」(2019) 등. 선행 연구들 대부분은 할례의 기원, 목적, 상황 등을 다루고 있으며, 「이슬람의 할례에 관한 연구」에서는 코란, 하디스(순나), 법학파에 언급된 할례에 관한 내용을 간략하게나마 다루고 있다. 그러나 여성할례의 샤리아 제정 과정을 구체적으로 다루는 선행 연구는 발견되지 않는다.

4 할례의 목적에 대해서는 신들에 대한 피의 제물이라는 공희설, 고통을 견디는 수단, 결혼준비, 성기의 신성화, 부부관계의 위험에 대한 상징적 인지, 위생상의 수단, 상징적인 거세, 생명을 준 신에게 남성을 보상하기 위해 바치는 희생이라는 등의 다양한 설이 있다(유왕종, 2006, 200쪽). 유럽, 북아메리카, 호주의 이슬람공동체에서는 서구사회에 대한 불신과 저항을 표현하기 위해 여성할례를 도구화하고 있다(오은경, 2008, 110쪽).

5 할례의 기원에 관해서는 나일강을 숭배하는 정령숭배사상과 밀접한 관련이 있다는 설, 이스라엘 민족의 선민사상에서 유래한 것으로 보는 설이 있다(홍진주, 2002, 3-4쪽). 할례가 제도화된 관습의 형태로 시작한 것이라기보다는 민간전승의 형태로 출발했을 가능성이 높다는 견해도 있다(김남일, 2014, 8쪽). 할례가 바빌로니아의 칼데아에서 시작되었다는 설, 할례가 이집트에서 시작되었고 유대인들이 이집트에 노예로 머무는 동안 이를 받아들였다는 설도 있다(유왕종, 2006, 200-201쪽). 헤로도투스는 최초의 할례가 콜키스, 이집트, 에티오피아 사람들에 의해 행해졌으며, 페니키아 사람들과 팔레스타인 시리아 사람들(유대인)이 콜키스 사람들에게서 이 풍습을 배웠다고 전한다(최명덕, 2010, 242-243쪽). 여성할례의 기원은 불명확하지만 고대 이집트 기원설, 고대 로마의 노예 여성들에게 행해졌다는 설, 홍해 서안에서 노예 무역로를 따라 남서부 아프리카로 전해졌거나, 중동에서 아랍 상인들에 의해 아프리카로 전해졌다는 주장도 있다(Jewel Llamas, 2017, P.2).

는 구절이 없고, 이집트 최고 법정이 여성할례를 불법으로 보고 금지 명령을 내렸음에도(조부연, 2005, 228쪽, 236쪽), 여성할례는 이슬람의 악습들 중 하나로 꾸준히 제기되어 왔다.

이에 여성할례에 대한 샤리아 규범을 탐구하였다. 일부 선행 연구들이 주장하듯, 여성할례가 이슬람의 전통이라면 코란, 하디스(순나), 법학파(자)의 법적 견해(파트와)를 통해 샤리아 규범으로 자리 잡았을 것이기 때문이다. 우선 샤리아의 제1법원인 코란에 여성할례에 관한 구절이 있는지를 검토하였다. 다음으로 샤리아의 제2법원인 하디스에 여성할례에 관한 순나가 있는지를 살펴보았다. 마지막으로 코란과 하디스(순나)를 바탕으로 한 법해석 노력(이즈티하드)을 통해 무슬림에게 적합하고 실천 가능한 법적 견해를 생산했던 법학파(자)의 견해들을 정리하였다. 이와 같이 샤리아 제정 과정을 전체적으로 살펴봄으로써 여성의 인권을 유린하고 박해하는 행위로 인식되는 여성할례와 이슬람이 어떠한 상관관계에 있는지를 검증하였다.

2. 코란의 할례 관련 계시

코란에서는 할례에 관한 직접적인 구절이 발견되지 않았다.[6] 그럼

---

6 할례를 뜻하는 키탄과, 여성할례를 뜻하는 카프드와 카파드를 코란 웹사이트(http://www.holyquran.net/)에 입력하여 관련 구절을 검색하였다.

에도 불구하고 할례 찬성론자들과 반대론자들은 코란의 특정 구절을 통해 자신들의 주장을 정당화하려 노력했다.

이집트의 저명한 샤리아 학자인 유숩 알까르다위(1926-)에 따르면, 남녀 할례를 의무(와집)로 규정한 샤피이 법학자들이 코란 제16장 123 절을 찬성의 근거로 제시하고 있으며, 이에 비추어 볼 때 코란 제6장 161절과 제60장 4절도 관련이 있다고 주장하였다.[7]

○ 우리(알라)는 너희에게 우상숭배자들 중에 있지 않은 하니프(일신론자)인 아브라함의 밀라[8]를 따르라는 계시를 하였다. (제16장 123절)

○ 말하라, 나의 주님이 나를 올바른 길로, 올바른 종교로, 우상숭배자들 중에 있지 않은 하니프인 아브라함의 밀라로 인도하였다. (제6장 161절)

○ 아브라함과 그와 함께한 이들에게 너희를 위한 좋은 본보기가 있다. 그들은 백성들에게 말했다. "우리는 너희가 알라 외에 경배한 것을 부인했다. 우리는 너희를 부인했다. 너희가 알라만을 믿지 않는다면 너희와 그들 간에 적대감과 혐오감이 영원히 나타날 것이다." 아브라함은 그의 아버지에게 "제가 아버지를 위해 알라로부터 할 수 있는 아무런 힘이 없지만 아버지를 위해 용서를 구하겠습니다. 주님, 당신께 우

---

7 "여성할례에 대한 샤리아 규범"(아랍어), https://www.al-aradawi.net/node/4306(검색: 2019.06.17).
8 종교, 신조, 신앙, 종파, 종교 집단이라는 뜻이며, 아브라함의 종교(신앙)라는 합성어로 자주 사용된다.

리를 의탁하고 당신께 우리를 회개하고 운명이 당신께로 향하고 있습니다."라고 말했다.(제60장 4절)

코란 구절들은 유대교,[9] 그리스도교,[10] 이슬람이 믿음의 조상으로 인정하고 있는 아브라함에 관한 내용이다. 믿음의 조상인 아브라함이 할례를 받았기 때문에 무슬림도 아브라함을 따라 할례를 받아야 한다는 것이다. 하디스에 따르면 아브라함은 80세가 넘어 할례를 받았으며, 모든 무슬림 남성들은 할례를 순나로 받아들이고 있다(유왕종, 2006, 209-210쪽; Quentin Wodon, 2015, p.81; Ryan Bower, 2009, p.24).[11]

할례 반대론자들은 알라가 신자들에게 소처럼 할례를 통해 성기에 낙인을 찍게 하겠는가? 반문하며 코란 제2장 195절, 제4장 119절, 제

---

9 할례는 히브리어로 브릿트 밀라이며, 음경의 포피를 제거함으로써 야훼 하나님과의 계약을 맺는 행위이다. 할례를 통해 유대인은 하나님과 계약 관계에 있다는 흔적을 평생 몸에 지니고 살게 된다. 아브라함 이후 할례는 유대인을 식별하는 대표적인 상징이 되었다(최명덕, 2010, 240-241쪽). 할례는 유대인과 비유대인을 구별하여 유대 민족의 종족적 일체감과 사회적 연대의식을 확인하는 의례가 되었다(이희수, 1995, 182쪽). 유대인에게 할례는 공동체로의 귀의 의식이고, 하나님을 향한 진지한 신앙행위이며, 야훼신앙을 더욱 새롭게 하는 것이요, 새로운 삶으로 거듭남으로써 새 공동체에 순종하는 세례의식과 같은 것이다(김남일, 2014, 12쪽).

10 중동의 할례 관습은 고대 이집트인이나 유대인, 그리스도교인의 관습을 계승한 것으로 볼 수 있다. 예수도 할례를 한 것으로 알려져 있으나, 그리스도교인의 할례는 사도 바울 이후 사라졌다(이희수, 1995, 182쪽). 구약성서 레위기 제12장 3절에 생후 8일째 되는 날에 아이의 포피를 벨 것을 명령하고 있으며, 예수도 생후 8일이 되어 할례를 받았다(최명덕, 2010, 241쪽).

11 인용한 구절들 외에도 아브라함을 언급하는 제2장 124절, 130-138절, 제3장 95절, 제6장 90절, 제42장 13절이 할례의 근거로 언급되고 있다. 유대인을 언급하는 코란 제2장 88절과 제4장 155절도 할례 관련 구절로 언급되기도 한다.

32장 7절을 반대의 근거로 제시하였다.

○ 알라의 길에서 재산을 사용하고 너희의 손으로 스스로를 파멸로 던지지 말라. 덕을 행하라. 알라는 덕을 행하는 이를 사랑한다.(제2장 195절)

○ 나(사탄)는 그들을 방황케 하고 거짓 희망을 줄 것이며, 그들에게 명령하여 가축들의 귀를 자르게 하고 알라의 창조를 변경하게 할 것이다. 알라를 대신하여 사탄을 보호자로 택하는 자는 분명히 손해를 볼 것이다.(제4장 119절)

○ 알라는 창조한 모든 것을 완전무결하게 하였고, 인간을 흙에서 창조하기 시작했다.(제32장 7절)

코란 구절들은 알라에 의해 창조된 남성과 여성이 완전한 존재이므로 그 무엇이라도 변경하거나 훼손하는 것은 금지이며,[12] 따라서 알라가 완전하게 창조한 신체의 일부를 절단하는 할례는 금지(Abu-Sahlieh, 1995, pp.80-81)라는 것을 언급하고 있다.[13]

---

12 이슬람은 알라가 창조한 대로 두지 않고 얼굴을 변화시켜 자신을 미화하는 성형수술을 금지하고, 미화를 목적으로 이빨을 짧게 하는 행위도 금지한다. 문신을 하는 행위, 눈썹을 뽑거나 얼굴의 털 제거, 가발 착용, 전쟁 때 외에 검정색으로 머리를 염색하는 행위 또한 창조물을 훼손하는 행위로 간주해 금지한다(최영길, 2012, 106-112쪽).
13 이 외에도 코란 제2장 3절, 25절, 제3장 6절, 191절, 제4장 118-119절, 제13장 8절, 제23장 115절, 제30장 30절, 제32장 7절, 제38장 27절, 제40장 4절, 제54장 49절, 제82장 7절, 제95

3. 하디스의 할례 관련 순나

할례를 의미하는 키탄이나 여성할례를 의미하는 카프드(카파드)를 하디스 웹사이트에 입력하여 관련 구절을 검색하였으며, 선행 연구에 언급된 해당 구절들도 정리하였다.[14]

1) 순니 6서

○ 아이샤가 전하길, 할례를 한 두 사람이 만나면(부부관계를 하면) (예배를 하기 전에) 구슬(전신목욕)이 의무이다. 나는 그렇게 했고, 사도가 그렇게 했고, 우리도 구슬을 했다.(티르미디본 108, 109; 이븐 마자본 608, 611; 무슬림본 349)[15]

○ 아부 후라이라가 전하길, 사도는 아브라함이 80세가 넘어 손도끼로 할례를 했다고 말했다.(부카리본 3356, 6298; 무슬림본 2370)

○ 아부 후라이라가 전하길, 사도가 천성(피뜨라)[16]은 다섯 가지인데 할

장 4절에서 할례는 창조주 알라의 철학과 모순된다고 주장한다.

14 하디스의 순나(마튼)는 전승 경로와 전승자(이스나드)에 따라 내용이 조금씩 다른 것이 있다. 여기서는 이스나드가 조금 다르더라도 주요 내용이 동일한 경우 하나만 인용하고 출처를 병기하였다. 또한 순니 6서를 포함하여 다수의 하디스들에 언급된 할례 관련 내용을 다룬 선행 연구들을 참조하였다.

15 이 구절을 통해 사도 무함마드 시대에 남성과 여성이 할례를 했다는 사실을 유추할 수 있다(Abu-Sahlieh, 1995, p.79).

16 창조주 알라가 인간을 창조할 때 준 특별한 천성(본성).

례, 음모 제거, 콧수염 다듬기, 손발톱 깎기, 겨드랑이 털 뽑기라고 말

했다.(무슬림본 257a, 257b; 부카리본 5889, 5891; 나사이본 5043, 5044, 5225;

티르미디본 2756; 이븐 마자본 292)

ㅇ이븐 압바스가 전하길, 사도가 사망했을 때 나는 이미 할례를 한 상

태였다.(부카리본 6300)

ㅇ사이드 빈 주바이르가 전하길, 이븐 압바스는 "사도가 사망했을 때

몇 살이었나요?"라는 질문을 받고는 "그때 나는 할례를 했습니다만, 사

춘기(결혼 적령기)가 된 남성에게는 할례를 하지 않았습니다."라고 대답

했다.(부카리본 6299)

ㅇ움무 아띠야 알안싸리야가 전하길, 한 여성이 메디나에서 할례를 시

술했고, 사도가 그녀에게 "완전히 제거하지 마시오.[17] 그것이 여성에게

더 좋고, 남편에게 더 사랑받는 일이기 때문입니다."라고 말했다.(아부

다우드본 5271)

ㅇ우사임 빈 쿨라입의 할아버지가 전하길, 사도가 오자 그(쿨라입의 할

아버지)가 "저는 무슬림이 되었습니다."라고 말하자, 사도가 "불신자 때

의 머리카락을 깎으시오."라고 말했다. 그와 같이 온 다른 사람에게도

사도는 "불신자 때의 머리카락을 깎고 할례를 하시오."라고 말했다.(아

---

17 여성할례의 유형에는 음핵이나 음핵을 덮고 있는 포피의 일부를 제거하는 순나할례, 음
핵 모두를 제거하는 음핵절단술, 음핵의 제거와 함께 작은 구멍만 남겨 두고 봉합하는 음
부봉합술(파라오식 할례)이 있다(조부연, 2005, 224-225쪽; 홍진주, 2002, 4쪽; 유왕종,
2006, 202쪽; Ryan bowyer, 2009, pp.4-6).

사도 무함마드 시대에는 할례가 남녀 무슬림에게 공히 시술되었던 것으로 보인다. 순니 6서를 통해 남성할례가 무슬림의 관행인 순나로 인정되었지만, 여성할례가 의무였는지 순나였는지 권장사항이었는지 고상한 행동이었는지를 단정하기는 어렵다. 사진: 남자아이에게 할례를 하는 모습 (바그다드 이라크박물관)

부 다우드본 356)

ㅇ이브라힘 알나크이가 전하길, 사도가 턱수염을 보호하고 할례를 하라고 말했다.(아부 다우드본 54)

ㅇ이븐 압바스가 전하길, 사도가 "너희는 (심판의 날에) 맨발로, 나체로, 음경 포피가 있는 채로(할례를 하지 않고) 모여들 것이다."라고 말했다.(부카리본 3349)

ㅇ주흐리가 전하길, 예언가이고 점성가였던 헤라클레스가 어느 날 밤에 별을 보고 있었는데, 할례를 한 지도자가 나타나 정복자가 되는 것을 보았다. 그가 "할례를 한 사람들은 누구인가?"라고 묻자, 사람들이 "유대인을 제외하고 할례를 하는 사람들은 없으니, 유대인들을 두려워할 필요는 없습니다."라고 대답했다. 그들이 논쟁을 하고 있을 때, 갓산의 왕이 보낸 사신이 사도의 소식을 가져왔다. 소식을 듣다가 헤라클레스는 사람들에게 갓산의 사신에게 가서 그가 할례를 했는지를 보고 오라고 명령했다. 사람들이 그를 보고 와서는 사신이 할례를 했다고 말했다. 헤라클레스가 사신에게 아랍인들에 관해 묻자, 사신은 "아랍인들도 역시 할례를 합니다."라고 대답했다.(부카리본 7)

ㅇ자으파르 빈 아므루 빈 무아이야 알다므리가 전하길, 시바으가 나와서 "싸움을 받아줄 누구(무슬림) 있나요?"라고 묻자, 함자 빈 압둘무딸립이 나와서 "시바으여, 여성의 음핵을 잘랐던 움무 안바르의 아들이여, 당신이 알라와 사도에게 도전하는가?"라고 말했다.(부카리 4072)

순니 6서의 웹사이트에 할례 관련 낱말을 입력한 결과 10여 개의 구절들이 발견되었다. 구절의 내용들 중 "아브라함이 손도끼로 할례를 했다, 할례는 천성 중 하나, 완전히 제거하지 말라 그것이 남편에게 더 사랑받는 일이다, 불신자 때의 머리카락을 깎고 할례를 하시오, 사도가 할례를 하라고 말했다, 아랍인들도 할례를 한다, 여성의 음핵을 잘랐던 움무 안바르의 아들이여."와 같은 부분으로 보아 사도 무함마드 시대에는 할례가 남녀 무슬림에게 공히 시술되었던 것으로 보인다. 순니 6서를 통해 남성의 할례가 무슬림의 관행인 순나로 인정되었지만, 여성할례가 의무(와집)였는지 순나였는지 권장 행위(무스타합)였는지 고상한 행위(마크루마)였는지를 단정하기는 어렵다.

2) 시아 4서[18]

○아부 바씨르가 전하길, 불신자의 땅에서 포로가 된 소녀가 무슬림이 되었고 할례를 해야 하는지를 아부 자으파르에게 묻자, 남성의 할례는 관행인 순나이지만 여성에게는 아니라고 말했다.

○아부 압둘라가 전하길, 소년의 할례는 순나이지만 소녀의 할례는 순

---

18 "순니 4대 법학파와 시아 자으파리 법학파의 여성할례"(아랍어), https://www.dd-sunnah.net/forum/showthread.php?t=184957(검색: 2019.06.18.)에 포함되어 있는 시아 4서의 내용을 정리하였다.

나가 아니다.

○아부 압둘라가 전하길, 소녀의 할례는 순나도 와집(의무)도 아닌 고상한 행위인 마크루마이고, 어떤 경우에는 마크루마보다 더 낫다.

○아부 압둘라가 전하길, 남성의 할례는 순나이고 여성의 할례는 마크루마이다.

○아부 압둘라가 전하길, 소녀에게 할례를 시술하는 움무 따이바라는 여성이 있었는데, 사도가 그녀에게 "움무 따이바, 할례를 시술할 때 조금만 취하고 완전히 제거하지 마시오. 그것은 얼굴을 더 빛나게 하고 남편을 더 즐겁게 합니다."라고 말했다.

○아부 압둘라가 전하길, 여성들이 사도에게 이주했을 때, 소녀에게 할례를 하는 할례 시술자인 움마 하빕이라는 여성도 이주를 했다. 사도가 그녀를 보고는 말하길, "움마 하빕, 당신 손에 있었던 일이 오늘도 당신의 손에 있군요."라고 하자, 그녀가 사도에게 "그것을 그만하라고 하면 금지하겠습니다."라고 말했다. 이에 사도는 "아니오. 그것은 할랄입니다." 사도는 그녀를 가까이 불러 "움마 하빕, 할례를 시술할 때 완전히 제거하지 마시오. 그것은 얼굴을 더 빛나게 하고 남편을 더 즐겁게 합니다."라고 말했다.

○자으파르 빈 무함마드의 부모가 전하길, 알리가 여성이 할례를 하지 않는 것은 괜찮지만 남성에게 할례는 와집(의무행위)이라고 말했다.

○알리 빈 아끄띤이 전하길, 할례가 할례와(할례를 한 남성이 할례를 한 여

성과) 부부관계를 하면 소녀이든 아니든 구슬(전신 목욕)을 해야만 한다.

시아 4서에 언급된 내용들 중 "남성의 할례는 순나이지만 여성의 할례는 마크루마이다, 할례를 할 때 조금만 취하고 완전히 제거하지 마시오 그것이 남편을 더 즐겁게 합니다, 남성에게 할례는 와집이지만 여성은 하지 않아도 괜찮다."와 같은 부분으로 보아 남성에게 할례는 순나(또는 와집)이지만 여성에게 할례는 선택 사항이었던 것으로 보인다.

이상에서처럼 순니 하디스와 시아 하디스로 볼 때, 여성할례가 반드시 해야만 하는 의무 규범이었다고 보기는 어렵다. 여성할례가 금지된 행위로 규정되지도 않았다. 따라서 순니와 시아 하디스에 언급된 여성할례 구절에 대한 구체적이고 현실적인 판단은 이슬람세계 곳곳에 자리를 잡고 독자적인 이즈티하드(법원 유권해석)를 했던 법학파(법학자)의 몫이 되었다.

4. 법학파의 여성할례에 관한 법적 견해

법학파(법학자)는 코란, 순나(하디스)를 바탕으로 한 이즈티하드를 통해 무슬림에게 필요한 독자적인 샤리아 규범을 생산하는 법 주체이다. 법학파(법학자)는 자신들이 생활하는 특정 지역의 관습을 샤리아 규범에 담아 냄으로써 해당 지역 무슬림의 삶에 절대적인 영향력을 행사해 왔다. 이는 동일한 사안에 대해 다양한 샤리아 규범이 생산되고 인정되는 원인이 되기도 한다. 결국 여성할례라는 동일한 사안에 대해 순니와 시아의 차이뿐만 아니라 각 법학파마다의 독자적인 파트와(견해, 결정)가 생산되었다.

1) 순니 4대 법학파

하나피, 말리키, 샤피이, 한발리 법학파에 속한 주요 법학자들의 여성할례에 대한 파트와를 정리하였다. 이들의 견해가 여성할례에 대한 소속 법학파의 합의된 견해는 아니지만, 견해들을 종합해 보면 해당 법학파의 우세한 규범을 도출할 수 있다.

(1) 하나피 법학파

① 이맘 아부 하니파(699-767): 할례는 남성에게도 여성에게도 와집(의무)이 아니다. 권장 행위인 무스타합이며 순나이다.

② 아부 알마알리 부르한 알딘 마흐무드(1156-1219): 여성할례는 순나라고도 하고 고상한 행위인 마크루마라고도 한다.

③ 자인 알딘 알라지(?-1261): 남성의 할례는 순나이고 여성의 할례는 마크루마이다.

④ 무함마드 빈 무함마드 빈 마흐무드 알루미 알바비르티(1314-

1384): 할례는 남성에게 순나이고 여성에게 마크루마이다.

⑤ 아부 알라이스 알사마르깐디(944-983): 할례는 남성에게 순나이고 여성에게 마크루마이다.

⑥ 무함마드 빈 아흐마드 알사르카시(1009-1090): 할례는 남성에게 순나이고 여성에게 마크루마이다.

⑦ 압둘라 빈 마흐무드 알하나피(1203-1284): 할례는 남성에게 천성(피뜨라)의 일부이기에 순나이고 여성에게 마크루마이다. 도시 사람들이 모여 할례를 중단하면 이맘이 그들을 살해할 수 있는데, 할례가 이슬람의 종교의례이며 주요 특성이기 때문이다.

⑧ 이븐 나짐 알미쓰리(926-970): 여성할례는 순나가 아니고, 남성할례는 부부관계 시의 쾌락 때문에 마크루마이다. 남성할례는 순나라고도 한다.

⑨ 압두라흐만 빈 무함마드 빈 술라이만(?-1048): 여성할례는 순나가 아니다.

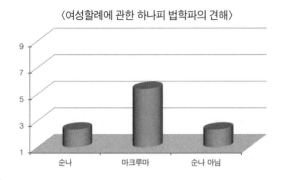

〈여성할례에 관한 하나피 법학파의 견해〉

하나피 법학파에 속한 법학자들 9명의 파트와를 정리한 결과, 여성 할례가 순나라는 견해가 2명, 마크루마라는 견해가 5명, 순나가 아니라는 견해가 2명이었다. 여성할례가 마크루마라는 것이 하나피 법학파의 우세한 견해이다.

(2) 말리키 법학파

① 이맘 말릭 빈 아나스(711-795): 할례는 확실한 순나이며 무스타합(권장 행위)이다.

② 압둘라 빈 아비 자이드(922-966), 아흐마드 빈 가님(1634-1714), 쌀리흐 빈 압두사미으 알아비 알아즈하리(?-H1335): 남성할례는 순나이고 와집이며, 여성할례는 마크루마이다.

③ 유숩 빈 압둘라 알꾸르뚜비(H368-H463): 할례는 남성에게 순나이고 여성에게 마크루마이다.

④ 무함마드 빈 아흐마드 빈 루시드 알꾸르뚜비(1126-1198): 할례는 여성에게 마크루마이다.

⑤ 시합 알딘 알까라피(1228-1285): 머리에 다섯 가지, 몸에 다섯 가지 인간이 해야 할 천성이 있다. 머리에 해야 할 다섯 가지 천성은 머리를 감고, 향기가 나게 하며, 코털을 제거하고, 콧수염을 다듬으며, 턱수염을 면도하는 것이다. 몸에 해야 할 다섯 가지 천성은 음모 제거, 겨드랑이 털 제거, 손발톱 깎기, 청결, 할례이다. 그중 할례는 남성

에게 순나이고 여성에게 마크루마이다.

⑥ 무함마드 빈 무함마드 빈 무함마드 알말리키(이븐 알핫즈, 1336-?): 할례는 순나인데, 남성의 경우엔 명시적이고 여성의 경우엔 묵시적이다. 아랍 동부 지역 사람들은 할례에 장점이 있다고 믿는 반면에, 아랍 서부 지역 사람들은 할례에 장점이 없다고 믿는다.

⑦ 무함마드 빈 무함마드 빈 압두라흐만 알따라블루시 알말리키(1497-1547): 여성할례는 마크루마이다.

⑧ 알핫자 카우캅 아비드: 할례는 남성에게 확실한 순나이고 여성에게 권장 행위인 만둡이다.

⑨ 무함마드 알아라비 알까라위: 할례는 남성에게 확실한 순나이고 여성에게 만둡이다.

⑩ 이븐 유니스 알싸끌리(?-H451): 이븐 하빕이 전하길, 사도가 할례는 남성에게 순나이고 여성에게 마크루마라고 말했다. 야흐야 빈 사이드와 라비아가 할례는 남성에게 필수이고, 음모 제거와 손발톱 깎기도 필수라고 말했다. 아브라함은 사라, 이삭, 이스마일에게 할례를 명령했다고 말했다.

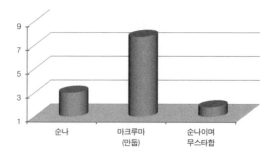

〈여성할례에 관한 말리키 법학파의 견해〉

말리키 법학파에 속한 법학자들 10명의 파트와를 정리한 결과, 여성할례가 순나라는 견해가 2명, 마크루마 또는 만둡이라는 견해가 7명, 순나이며 무스타합이라는 견해가 1명이었다. 여성할례가 마크루마 또는 만둡이라는 것이 말리키 법학파의 우세한 견해이다.

(3) 샤피이 법학파

① 이맘 무함마드 빈 이드리스 알샤피이(767-820): 여성할례는 와집(의무)이다.

② 야흐야 빈 아비 알카이르 알야마니(H489-H558): 남성과 여성의 할례는 와집이다. 이에 대한 근거는 코란 제16장 123절 "하니프인 아브라함의 밀라를 따르라."이다. 알라가 아브라함의 밀라를 따를 것을 예언자에게 명령했기 때문이다. 이 외에도 "아브라함이 손도끼로 할례를 했다.", "조금만 취하고 완전히 제거하지 마시오."와 같은 순나

(하디스)가 근거이다.

③ 야흐야 빈 샤랍 알나와위(1233-1277): 할례는 남성과 여성에게 와
집이다. 순나라고도 한다. 남성에게는 와집이고 여성에게는 순나라
는 말도 있다.

④ 알카떱 알시르비니(?-H977): 여성할례는 와집이다. 사도 무함마
드가 "조금만 취하고 완전히 제거하지 마시오."라고 말했기 때문이다.

⑤ 자인 알딘 알말리바리 일힌디(?-H987): 할례가 된 상태로 태어나
지 않은 남성과 여성에게 할례는 와집이다. 코란 제16장 123절에서
"하니프인 아브라함의 밀라를 따르라."고 했기 때문이다. 할례가 남
성에게는 와집이고 여성에게는 순나라는 말도 있으며, 남성에게는 명
시적 순나이고 여성에게는 묵시적 순나라고도 한다.

⑥ 샴스딘 무함마드 빈 아비 알압바스 알라말리(1513-1596): 할례는
성인이 된 남성과 여성 모두에게 와집이다. 사도가 남성할례는 순나
이고 여성할례는 마크루마라고 말했는데, 이는 와집이다.

⑦ 우마르 알부자이라미(H1131-H1221): 할례는 남성과 여성에게 와
집이다.

⑧ 무쓰따파 사이드 알칸(1923-2008): 할례는 남성과 여성 모두에게
와집이다. 할례가 남성에게 와집이지만 여성에게 와집이 아니라는
말도 있다. 이에 대한 근거로는 아부 후라이라가 전한 "천성은 다섯
가지인데 할례, 음모 제거, 청결, 손발톱 깎기, 겨드랑이 털 뽑기라고

사도가 말했다."이다.

⑨ 압둘카림 빈 무함마드 알까자위니(1160-1226): 할례는 남성과 여성 모두에게 와집이다.

⑩ 아부 알무하신 알루야니(H415-?): 할례는 남성과 여성 모두에게 와집이다. 이맘 하부 하니파는 "사도가 할례는 남성에게 순나이고 여성에게 마크루마이다."라고 한 순나(하디스)를 근거로 할례를 의무가 아니라 순나라고 말했다. 코란 제16장 123절 "하니프인 아브라함의 밀라를 따르라."에 의하면 아브라함의 밀라에서 할례는 와집이었다. 그 외에도 "아브라함은 80세에 할례를 했다."는 순나(하디스)를 근거로 들었다. 할례는 남성에게 명시적 순나이고 여성에게 묵시적 마크루마라는 말도 있다.

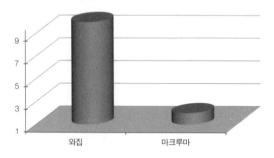

〈여성할례에 관한 샤피이 법학파의 견해〉

샤피이 법학파에 속한 법학자들 10명의 파트와를 정리한 결과, 여성할례가 와집이라는 견해가 9명, 마크루마라는 견해가 1명이었다. 여성할례가 와집이라는 것이 샤피이 법학파의 우세한 견해이다.

(4) 한발리 법학파

① 이맘 아흐마드 빈 한발(780-855): 할례를 하지 않은 부인과 부부 관계를 한 남성으로부터 "여성에게 할례는 의무인가요?"라는 질문을 받고 "할례는 좋은 순나입니다."라고 대답했다.

② 이븐 꾸다마 알막디시(H541-H620): 할례는 남성에게 와집이고 여성에게 와집이 아니라 마크루마이다.

③ 이븐 타이마(1263-1328): 할례는 두려워하지 않는다면 남성에게 와집이고 여성에게 와집이 아니다.

④ 압두라흐만 빈 꾸다마 알막디시(1200-1283): 할례는 남성에게 와집이고 여성에게 와집이 아니라 마크루마이다.

⑤ 무사 빈 아흐마드 알막디시(?-H968): 할례는 성인이 된 남성과 여성이 두려워하지 않는다면 와집이다.

⑥ 만쑤르 빈 유니스 알바후티 알한발리(1591-1641): 할례는 성인이 된 남성과 여성이 두려워하지 않는다면 와집이다.

⑦ 무함마드 빈 바드르 알딘 빈 압둘핫끄 빈 발반 알한발리(?-H1083): 할례는 남성과 여성에게 성인이 되는 날 안전한 상태에서 와집이다.

⑧ 압두라흐만 빈 압둘라 빈 아흐마드 알바알리 알칼루티 알한발리(1698-1778): 할례는 성인이 된 남성과 여성에게 와집이다.

⑨ 무쓰따파 알라히바니(1747-1827): 할례는 성인이 된 남성과 여성에게 와집이다. 이에 대한 근거로는 코란 제16장 123절 "하니프인 아브라함의 밀라를 따르라."와 "할례를 하라. 그러나 완전히 제거하지는 마시오. 그것이 얼굴을 더 아름답게 만들고, 남편을 더 즐겁게 만들기 때문이다.", "불신자의 머리카락을 자르고 할례를 하시오", "아브라함이 80세 때 할례를 했다.", "할례를 한 두 사람이 만나면 구슬을 해야 한다."는 하디스(순나)이다.

⑩ 압두라흐만 빈 무함마드 빈 까심 알아씨미(H1312-H1392), 무함마드 빈 쌀리흐 알우사이민(1929-2001), 무함마드 빈 무함마드 알묵타르 알샨끼띠(H1381-?), 아흐마드 빈 우마르 알하지미: 할례는 성인이 된 남성과 여성이 두려워하지 않는다면 와집이다.

〈여성할례에 관한 한발리 법학파의 견해〉

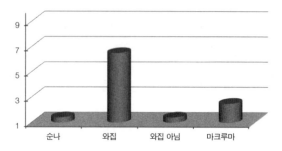

한발리 법학파에 속한 법학자들 10명의 파트와를 정리한 결과, 여성할례가 순나라는 견해가 1명, 와집이라는 견해가 6명, 와집이 아니라는 견해가 1명, 마크루마라는 견해가 2명이었다. 여성할례가 와집이라는 것이 한발리 법학파의 우세한 견해이다.

2) 시아 자으파리 법학파

자으파리 법학파에 속한 주요 법학자들의 할례 관련 법적 견해를 정리하였다.

① 무함마드 바끼르 알마즐리시(H1037-H1111): 할례는 남성에게 순나이지만 여성에게 와집이 아니며 확실한 순나도 아니다.

② 니자르 알하이리: 할례는 여성에게 마크루마이고 와집이 아니다.

③ 무함마드 파딜 알란카라니(1931-2007): 할례는 남성에게 순나이지만 여성에게는 아니다.

④ 니으마툴라 알자자이리(1640-1701): 할례는 여성에게 순나나 와집이 아니라 마크루마이며 마크루마보다 더 나은 것이다.

⑤ 야흐야 빈 사이드 알할리(H601-?): 할례는 여성에게 와집이 아니라 마크루마이다.

⑥ 무함마드 하산 알나자피(1785-1849): 할례는 남성에게 와집이지만 여성에게 마크루마이다.

⑦ 자인 알딘 빈 알리 알아밀리(H911-H965): 할례는 여성에게 와집이 아니라 무스타합이다.

⑧ 유숩 알바흐라니(1696-1772): 할례는 남성과 여성 모두에게 와집이 아니다.

⑨ 무함마드 알리 알따바따바이(1945-2017): 할례는 여성에게 무스타합이다.

⑩ 아흐마드 알카완사리(H1309-H1405): 할례는 남성에게 순나이고 여성에게 무스타합이다.

⑪ 알파딜 알힌디(?-H1137): 할례는 남성에게 와집이고 여성에게 무스타합이다.

⑫ 무함마드 빈 자말 알딘 알아밀리(H734-H786): 할례는 성인이 된 남성에게 와집이고 성인이 된 여성에게 무스타합이다.

⑬ 무함마드 싸딕 알루하니(1926-): 할례는 성인이 된 여성에게 무스타합이다.

⑭ 무함마드 아민 자인 알딘(?-1998): 할례는 여성에게 만둡이고 무스타합이다.

⑮ 알리 하메네이(1939-): 할례는 여성에게 와집이 아니다.

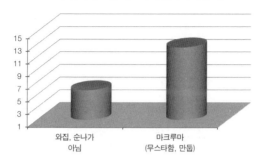

〈여성할례에 관한 자으파리 법학파의 견해〉

시아 자으파리 법학파에 속한 법학자들 15명의 파트와를 정리한 결과, 여성할례가 와집이나 순나가 아니라는 견해가 4명, 마크루마나 무스타합이나 만둡이라는 견해가 11명이었다. 여성할례가 마크루마 (무스타합, 만둡)라는 것이 자으파리 법학파의 우세한 견해이다.

5. 여성할례는 샤리아에 영향을 받아

1993년 유엔은 빈 인권회의에서 여성할례를 명백한 인권 침해로 규정했고, 2000년 국제사면위원회는 여성할례를 유엔난민지위협약이 규정하는 박해로 인정했다. 또한 유엔은 국제적 차원에서 여성할례를 근절하기 위해 매년 2월 6일을 세계 여성할례 철폐(금지)의 날로 정했다. 이같은 노력에도 불구하고『2018 WHO 보고서』는 아프리카, 중동, 동남아시아에 위치한 29개국의 여성 약 2백만 명이 매년 할례를 받고 있다고 밝히고 있다. 특히 29개 국가 중 22개 국가가 이슬람 협력기구의 회원국이라는 사실은 여성할례가 이슬람의 관행이라는 주장의 근거가 되고 있다.

여성할례와 이슬람의 상관성을 검증하기 위해 무슬림의 삶 전반을 안내하고 규제하는 샤리아를 살펴보았다. 코란에 여성할례에 관한 직접적인 구절은 없다. 그러나 선지자 아브라함과 관련된 구절들이 일부 법학파(법학자)에 의해 여성할례의 근거로 주장되고 있다. 순니와 시아의 하디스(순나)에는 다수의 할례 관련 구절들이 있는데, 할례가 남성의 경우에는 이슬람의 관행인 순나이지만 여성의 경우에는 선택 사항이다. 순니와 시아의 주요 법학파들의 경우 여성할례에 대한 합의된 법적 견해는 없지만, 소속 법학자들의 견해를 종합해 본 결과 다음과 같은 결과를 도출하였다. 여성할례에 대해 하나피 법학파는 고상한 행위(권장 행위), 말리키 법학파는 고상한 행위, 샤피이 법학파는 의무, 한발리 법학파는 의무, 자으파리 법학파는 고상한 행위라는 견해가 우세하였다.[19]

19 법학파들이 여성할례에 대해 합의된 법적 견해를 공식적으로 제시하지 않은 상태에서 각 법학파에 속한 모든 법학자들의 견해를 전수 조사한 것이 아니기 때문에 이 글의 견해는 참고사항이다. 일부 선행 연구들이 언급한 법학파들의 여성할례에 대한 견해로는 다음과 같은 것이 있다. Quentin Woden(2015)은 여성할례에 대해 하나피는 순나, 말리키는 순나, 샤피이는 와집, 한발리는 와집과 마크루마라고 했다. Ryan bower(2009)는 여성할례에 대해 말리키는 남편에 대한 예의로 행하는 것, 하나피는 권장 행위, 샤피이와 한발리는 의무라고 했다. Abu-Sahlieh(1995)는 한발리가 여성할례는 이슬람의 의식이고 남편은 아내에게 할례를 강제할 수 있으며, 이바디 법학파는 신혼 초야를 치렀다 하더라도 할

여성할례가 이슬람과 관계가 없다는 주장과 이슬람의 관행이라는 주장이 공존하고 있지만, 연구 결과를 보면 여성할례와 이슬람이 무관하다고 말할 수는 없다. 연구 결과는 여성할례가 샤리아에 의해 상당한 영향을 받은 관행이라는 것을 보여주고 있다.

여성할례가 이슬람의 전통이라는 오명을 벗어나기 위해서는 해당 이슬람 국가들이 여성할례를 금지하는 법률을 제정하고 관련자들을 강력하게 처벌해야 한다.[20] 또한 교육이나 캠페인 등을 통해 여성할례는 지키고 계승해야 할 전통(순나)이 아니라 악습이라는 사실을 지속적으로 홍보하고 교육하여 할례 추종자들과 주변인들의 인식을 개선하는 활동에 앞장서야 한다. 우리는 다른 사회의 관습을 인권유린이라고 판결할 권리가 있는지, 어린아이들에게 가해지는 할례를 다름의 이름으로 무관심하게 넘어가야 하는지, 여성할례는 비판하면서 남성할례는 왜 비판하지 않는지 등의 문제 제기에 대해서도 납득 가능한 해답을 찾기 위해 지속적으로 노력해야 한다.

례를 하지 않은 무슬림과의 결혼은 무효라고 주장했다. Rizvi S.A.H, Naqvi S.A.A, Hussain M.&Hasan A.S.(1999)는 여성할례를 의무로 여기는 샤피이 법학파를 제외한 순니와 시아의 주요 법학파들은 여성할례를 권장 행위라고 여겼다. 한편 사도 무함마드의 순나는 낭송되지 않는 계시라는 권위를 가진다는 점에서 다수의 무슬림은 순나를 와집과 같은 의미로 생각할 수 있다.

20 코트디부아르, 세네갈, 소말리아는 헌법에서 여성할례를 명백히 금지하고 있다. 그 외 에티오피아, 가나, 케냐, 소말릴란드, 남수단, 수단, 우간다는 여성할례가 해로운 행위라는 것을 헌법에 언급하고 있다. 28개 국가들 중 22개 국가는 여성할례를 금지하는 다양한 국내법을 가지고 있지만, 6개 국가(차드, 라이베리아, 말리, 시에라리온, 소말리아, 수단)에는 이러한 법률이 없다(Thomson Reuters Foundation, 2018, pp.26-28).

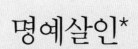

명예살인*
―명예살인은 가부장제의 산물이다

* 이 글은 『중동연구』 제38권 2호(2019)에 「명예살인과 이슬람의 상관성 및 사례분석」이라는
제목으로 게재된 글을 수정·보완한 것이다. 아랍어 자료와 참고문헌은 편집의 어려움과 가독
성을 고려하여 생략하였다.

1. 명예살인은 이슬람세계에서 다수 발생

엄마가 딸을 낳으면 오로지 엄마의 잘못인 것으로 되어 있었다.…암소
나 양이 여자애보다 더 가치가 있다.… 하찮은 일로도 여자애들은 찰
무트[1]로 낙인찍히고 부모의 명예 심지어 마을의 명예를 회복하기 위
해 죽임을 당해야 했으니… 법도 그 남자들을 처벌하지 않는다. 처벌
되더라도 곧 풀려나 다시 여자들을 목 조르고 불태운다.[2]

한 파키스탄 남성이 부인이 불륜을 저질렀다는 이유로 처자식과
처가 식구 등 모두 9명을 총기로 살해한 뒤 시신을 불태운 명예살인
이 발생했다. 파키스탄에서는 해마다 1천여 명의 여성이 가족의 명예
를 더럽혔다는 이유로 명예살인을 당하고 있다(뉴스1, 2019년 7월 2일
자).

---

1 아랍어로는 샤르무따이며, 매춘부라는 뜻.
2 『명예살인』(2007, 울림사) 중에서 발췌.

다수의 선행 연구에 따르면,[3] 명예살인은 파키스탄뿐만 아니라 아프가니스탄, 방글라데시, 이집트, 인도, 이란, 이스라엘, 요르단, 레바논, 나이지리아, 팔레스타인, 터키, 브라질, 페루, 미국, 영국, 이탈리아, 노르웨이, 스웨덴, 독일 등에서도 발생하고 있다. 이 국가들을 유심히 살펴보면, 이슬람 국가들이거나 무슬림 이주자들이 많은 유럽과 남미 국가들이라는 것을 알 수 있다.[4] 이와 같은 이유로 인해 명예살인과 이슬람의 상관성 유무에 대한 논쟁이 이슬람세계 내외에서 끊임없이 이어져 왔다. 그럼에도 불구하고 명예살인과 이슬람의 상관성에 대한 판단과 근거를 명확하게 제시하는 연구는 발견되지 않는다.

---

3 여기서 참고한 명예살인 관련 국내외 선행 연구들은 다음과 같다. 「야샤르 케말의 『독사를 죽였어야 했는데』를 통해 본 명예살인의 메커니즘 연구」(2008), 「이르드의 사회심리적 기제에 대한 분석」(2010), 「명예살인을 둘러싼 스웨덴의 논쟁과 정책적 대응」(2011), 「Comparatively Speaking: The 'Honor' of the 'East' and the 'Passion' of the 'West'」(1997), 「Intrafamily Femicide in Defence of Honour: The Case of Jordan」(2001), 「Violence Against Women in Arab and Islamic Countries」(2003), 「Women, Honour, and the State: Evidence from Egypt」(2006), 「Honour Killing, its Causes & Consequences」(2007), 「Bloodstains on a 'Code of Honor': The Murderous Marginalization of Women in the Islamic World」(2009), 「Preliminary Examination of So-Called 'Honour Killings' in Canada」(2010). 다수의 선행 연구들은 명예살인의 의미, 현상 및 실태를 주로 다루고 있으며, 일부 선행 연구에서는 코란과 하디스의 매우 한정된 자료를 통해 명예살인이 이슬람과 관계가 있다는 주장을 한다.
4 명예살인은 고대 로마시대부터 알려졌고, 가장은 성이 문란한 미혼의 딸이나 간음한 부인을 살해할 권리를 가지고 있었다. 명예에 기초한 범죄는 중세 유럽에도 알려졌고, 유대인들은 간음한 부인과 상대자를 투석형에 처했다. 명예살인은 아랍 역사에도 깊이 개입되어 있으며, 그 원인은 성욕이나 성적 행동을 제어하기 위함이 아니라 다산과 번식력의 문제였다(Amin A. Muhammad MBBBS 외, 2010, p.16). 명예살인을 정당화한 근거는 함무라비법전과 고대 로마의 가족법에서 발견되고 있다(Kenneth Lasson, 2009, p.408). 함무라비법전의 제127조부터 제149조는 혼인에 관한 조항이며, 이 중 제129조, 제130조, 제133조를 명예살인의 정당성을 제공하는 구절로 이해할 수 있다(채홍식 역주, 2008, 99-102쪽).

이에 명예살인과 이슬람의 상관성 유무를 검증하였다. 명예살인이 이슬람의 교리나 종교적 신념과 관계가 있다면, 무슬림의 모든 삶을 안내하고 규정하는 샤리아에 규범화되어 있을 것으로 보고 샤리아 규범을 탐구하였다. 이를 위해 샤리아의 제1법원인 코란과 제2법원인 하디스(순나)에 명예살인에 관한 구절이 존재하는지를 검토하였다. 또한 코란과 하디스(순나)를 바탕으로 한 이즈티하드(법 해석 노력)를 통해 무슬림의 현실에 맞는 규범을 생산했던 주요 법학파의 관련 법적 견해(파트와)를 탐색하였다. 다음으로 명예살인의 심각성을 지적하기 위해 명예살인의 통계와 국내 언론에 보도된 사례들을 소개하고 그 내용을 분석하였다.

2. 명예살인과 샤리아 규범

선행 연구를 종합해 보면, 명예살인은 가족의 명예를 지키기 위해 남성(아버지, 남편, 형제)이 여성(부인, 딸, 자매)을 살해하는 사회 전통이다. 명예살인의 이유들로는 간통, 개종, 부모가 결정한 중매혼의 거부, 성폭력(강간)의 희생자, 이혼 요구, 혼전 섹스,[5] 사생아 출산, 가부

---

5 명예살인은 여성의 성생활을 통제하려는 의도에서 비롯된 것이며, 여성들은 결혼할 때 처녀성을 간직해야 한다(Canan Arin, 2001, p.822).

장제,[6] 모욕, 채무 불이행, 식사를 늦게 차림, 꿈에서 아내에게 맞음, 모르는 남성의 전화번호가 핸드폰에 저장됨, 베일 규범 위반,[7] 페이스북 채팅, 낯선 남성을 보며 웃는 행위, 누군가와의 통화, 부엌을 깨끗하게 청소하지 않음, 인신매매 등과 같은 다양한 상황들이 언급되고 있다. 이상과 같은 이유들로 인해 여성이 남성과 가족의 명예를 실추시키고 수치심을 제공했으므로 명예 회복과 정화를 위해 살해가 필요하다는 것이다. 남성이 사실을 확인하고도 여성을 처벌하지 않는다면 무능하거나 비겁한 행동으로 인식되기도 한다. 한편 선행 연구들에서 언급된 명예살인의 다양한 이유들 중 처벌이 사형(살해)에 해당하는 규범은 지나와 개종이다.[8]

---

6 명예 관련 폭력은 명예와 수치심의 개념이 복합적으로 융합되어 만들어진 가부장 문화 코드이다. 가족의 명예는 대개 집단의 사회적 지위를 의미하는 것으로 주로 남성에 의해 유지된다. 여성의 그릇된 섹슈얼리티가 가족의 명예를 실추시키면, 그러한 여성을 가족 내 남성이 처벌함으로써 실추된 명예를 회복한다는 것이다. 한편 명예살인은 전 세계 어디에서나 발생하고 있는 여성에 대한 남성의 폭력이라는 보편적 가부장적 관점과, 무슬림공동체의 특수한 가부장 문화 때문이라는 문화적 관점이 있다(문경희, 2011, 136쪽, 148쪽). 여성살해(femicide)는 가부장제의 유지에 핵심이 있다. 남성은 여성에 대해 가부장적 권력을 가진 지배자로서 보호의 명분으로 여성을 통제하기 위해 폭력을 사용하며, 또한 여성이 통제를 벗어났을 때 처벌하기 위해서도 폭력을 사용한다. 백수진은 명예살인을 가부장 문화에 의한 여성살해로 분류했다(황주영, 2013, 7쪽, 10쪽). 명예살인은 명예를 기초로 하는(honour-based) 강력한 가부장 사회에서 일어나고, 여성할례, 아내 순장, 미망인 화형과 같은 성폭력의 일종이다(Jane Haile, 2007, p.9, p.11).
7 이라크 바스라 경찰에 따르면, 매달 15명의 여성들이 샤리아 의복 규범을 위반했다는 이유로 살해되었다(Kenneth Lasson, 2009, p.420).
8 지나는 중동 이슬람사회의 결혼제도 측면에서 볼 때 일종의 재산권 침해 범죄와 같다. 재산에 손해를 가하는 행위인 지나는 물질적인 보상으로 대신하기 어려운 상황이어서, 보복 응징의 수단으로 극단적인 선택이 채용되는 것으로 분석된다(김중관, 2010, 47쪽). 명예에 기초한 사회에서 여성은 보호되고 교환되는 상품이고 재산이다(Jane Haile, 2007, p.10). 혼전 순결 또한 가족의 재산으로 여겨졌다(Kenneth Lasson, 2009, p.415).

우선 명예살인 관련 규범들을 샤리아 주체(코란, 하디스, 법학파)에서 탐구하였다. 다음으로 명예살인의 가장 중대한 이유로 언급되는 지나(혼외정사) 관련 내용들을 정리하였다.

1) 코란의 명예살인 관련 계시

코란 웹사이트에 명예살인이란 주제어를 넣어 검색하였으나 관련 구절은 발견되지 않았다. 또한 동일한 웹사이트에 명예라는 낱말을 넣어 검색하였으나 관련 구절은 발견되지 않았다.

명예살인의 이유들 중 간통, 강간, 혼전 섹스, 사생아 출생은 샤리아의 지나와 관련이 있으며, 해당 코란 구절들이 명예살인을 정당화하는 근거로 언급되고 있다. 가족의 명예는 근본적으로 여성의 정절(순결)과 관련이 있으며, 지나 범죄는 가장 지독한 불명예라고 여겨진다. 여성이 지나 범죄를 지어 수감되면 친구들이나 가족들도 그녀를 방문하지 않으며, 어떤 경우에는 자살을 종용하기도 한다(Kenneth Lasson, 2009, pp.413-414, p.418; Amin A. Muhammad MBBS, 2010, p.21).

지나는 일체의 비합법적인 성행위를 가리키며(최영길, 1985, 390-396쪽), 코란에는 다음과 같은 관련 구절들이 있다.

ㅇ너희의 여자들 중 음란행위를 한 자 있다면 너희 중 4명을 증인으로 세우고, 그들(여자)이 증언할 경우 죽을 때까지 집 안에 감금하라. 또는

알라가 그녀들에게 길을 만들 것이다.(제4장 15절)

ㅇ지나를 가까이 하지 말라. 그것은 음란행위이고 사악한 길이다.(제17장 32절)

ㅇ지나를 한 여자와 지나를 한 남자 모두를 가죽 채찍으로 100대 쳐라. 너희가 알라를 믿고 최후의 심판을 믿는다면 알라의 종교에서 두 사람에 대해 동정하지 말고, 믿는 사람들이 두 사람의 죄를 증언하라.(제24장 2절)

ㅇ지나를 한 남자는 지나를 한 여자나 이교도 여자 외에는 결혼할 수 없고, 지나를 한 여자는 지나를 한 남자나 이교도 남자 외에는 결혼할 수 없다. 이것은 믿는 사람들에게는 금지되었다.(제24장 3절)

지나 범죄는 무신론과 불신, 살인과 같은 중죄로 여겨진다. 따라서 지나에 대한 처벌은 가죽 태형 100대에 해당하는 핫드형[9]이고, 여성의 경우 죽을 때까지 집 안에 감금된다. 지나 범죄자는 무슬림과는 결혼할 수 없다. 지나 범죄자에게 핫드형을 집행할 때는 범죄의 사실이 증명되어야 하는데,[10] 증인 4명의 강요되지 않은 진술이나, 범죄자

9 핫드형은 코란과 하디스에 행위와 처벌이 명백히 규정되어 있는 것으로 배교죄, 지나죄, 음주와 주류 생산죄, 위증(중상모략)죄, 절도죄, 강도죄, 국가반역죄(흉폭한 불법행위) 등이다. 배교죄, 흉폭한 행위, 음주와 주류 생산죄는 코란에 언급은 되어 있으나 명확한 처벌이 없어 일부 법학자들은 핫드형(고정형)이 아니라 관사의 재량권이 허용되는 타으지르형(교정형)으로 보기도 한다(임병필, 2016, 14쪽).
10 루머가 남성의 명예를 손상시킬 수 있었기 때문에, 이슬람은 루머를 근절하려고 노력했

의 자백이 있어야 한다. 강력한 처벌을 통해 지나 범죄를 금지하는 목적은 이슬람 사회를 보호하고 무슬림의 위엄과 순결과 존엄과 명예를 보호하는 데 있다(최영길, 1985, 391쪽).

이미 언급하였듯이 코란에는 명예살인과 관련된 직접적인 구절이 없다. 그럼에도 불구하고 코란 제4장 34절이 가정폭력과 명예살인을 정당화한다는 주장이 있다. 명예살인이 가정폭력의 하나라는 것이다 (Fadia Faqir, 2001, pp.76-77; Douki S., 2003, p.168).

○남성은 여성을 돌보는 이들이다. 알라가 그들 중 일부(여성)보다 일부(남성)를 더 선호했기 때문이다. 또한 그들이 돈을 쓰기 때문이다. 올바른 여성은 순종하며 남편의 부재 시에 알라가 보호하는 것을 보호한다. 너희가 그녀들의 비행이 두려운 경우에는 먼저 그녀들에게 충고하고, 다음으로 그녀들을 침대에서 물리치며, 마지막으로 그녀들을 때려주어라.[11] 그녀들이 너희에게 복종한다면 어떤 수단도 찾지 말라. 알라는 가장 위대하다.(제4장 34절)

다. 따라서 보통의 경우 2명의 증인을 필요로 하였지만 지나 범죄에는 4명의 증인이 있어야 처벌이 확정되었다(Beth Baron, 2006, p.3).
11 부인이 남편의 말에 순종치 않으면 무조건 때려도 좋다는 뜻이 아니다. 먼저 충고를 하고 다음으로 잠자리를 멀리해도 순종치 않을 경우 마지막으로 자국이 남지 않을 정도로, 어디가 부러지거나 피가 나지 않도록 얼굴 외의 부분을 손으로 살짝 때려 주라는 의미이다 (조희선, 2015, 34-36쪽).

한편 코란에는 여성에 대한 부당한 대우를 비난하는 구절들이 다수 있고, 특히 제4장(여성의 장)을[12] 통해 여성의 권리를 보호하고 있다 (Douki S., 2003, pp.169-170).

O 너희가 아내와 이혼을 하고 그녀들이 기간(잇다)을 채웠을 때는 그녀들을 명예롭게 살게 하거나 명예롭게 놓아주고, 괴롭히기 위해 사악하게 붙들지 말라. 그렇게 하는 이는 자신을 타락시키는 것이다. 알라의 예증을 우롱하지 말고, 알라가 너희를 축복한다는 것을 기억하라. 알라가 너희에게 성서와 지혜를 계시한 것은 그것으로 너희에게 경고하는 것이다. 알라를 조심하고 알라는 전지전능하다는 것을 알라.(제2장 231절 일부)

O 믿는 이들이여, 너희가 여성을 강제로 상속하는 것은 허락되지 않는다. 그녀들이 명백한 음란행위를 하지 않는다면 너희가 그녀들에게 주었던 일부를 빼앗기 위해 그녀들의 재혼을 막지 말라. 명예롭게 그녀들과 교제하라. 너희가 그녀들을 미워하면 이는 알라가 풍성한 축복을 있게 만든 것을 미워하는 것이다.(제4장 19절 일부)

O 너희 자신들로부터 배필을 창조하여 배필과 함께 살게 하고 너희 간

---

12 제4장은 매우 다양한 주제들을 포함하고 있는데, 여성의 권리와 관련된 내용은 다음과 같다. 여성 고아의 권리(상속, 혼인), 마흐르에 대한 여성의 권리, 마흐르는 대가가 아니고 선물, 남편과 아내의 권리 등(공일주, 2008, 174-175쪽).

명예살인은 고대 로마 시대부터 알려졌고, 가장은 성이 문란한 미혼의 딸이나 간음한 부인을 살해할 권리를 가지고 있었다. 명예에 기초한 범죄는 중세 유럽에도 알려졌고, 유대인들은 간음한 부인과 상대자를 투석형에 처했다. 명예살인은 아랍 역사에도 깊이 개입되어 있으며, 그 원인은 성욕이나 성적 행동을 제어하기 위함이 아니라 다산과 번식력의 문제였다. 명예살인을 정당화한 근거는 함무라비법전과 고대 로마의 가족법에서 발견되고 있다. 사진은 독일 베를린의 페르가몬박물관(독일어: Pergamonmuseum, 영어 Pergamon Museum)에 있는 함무라비법전.

에 사랑과 자비를 있게 한 것은 그분의 예증 중 하나이다. 그러한 예증에는 심사숙고하는 사람들을 위한 것이 있다.(제30장 21절)

2) 하디스의 명예살인 관련 순나

하디스 웹사이트에 명예살인이란 주제어를 넣어 검색하였고, 1개의 관련 구절을 발견하였다(아부 다우드본 4532). 또한 동일한 웹사이트에 명예라는 낱말을 넣어 검색한 결과 200여 개의 구절이 발견되었다. 그러나 이들 중 1개의 구절(이븐 마자본 3933 외)만이 관련이 있어 보인다.

ㅇ꾸타이바 빈 사이드와 압둘와합 빈 나즈다 알하우띠가 아부 후라이라로부터 듣고 말하길, 사으드 빈 우바이다가 사도에게 "한 남자가 자신의 여자와 외간남성이 함께 있는 것을 본 경우 외간남성을 살해해도 되나요?" 하고 묻자, 사도는 "안됩니다."라고 말했다. 사으드는 "왜 안 됩니까. 그 남자는 사도를 진실로 명예롭게 한 사람인데도요." 하고 묻자, 사도는 "당신들의 지도자가 말하는 대로 들으세요."라고 말했다.(아부 다우드본 4532)

ㅇ모든 무슬림의 피, 돈, 명예는 신성한 것이다.(이븐 마자본 3933; 아부 다우드본 4882; 무슬림본 2564a; 티르미디본 1927)

아부 다우드본 4532는 자신의 여자가 외간남성과 같이 있는 것만으로 지나(일체의 비합법적 성행위)로 몰아 살해하는 것을 금지하는 것으로 이해된다. 이븐 마자본 3933 등은 명예가 무슬림에게 중요하니 다양한 이유로 명예가 실추될 경우 살해를 정당화할 수 있는 구절로 이해될 수도 있다.

다음으로 명예살인의 주된 이유로 꼽히는 지나에 관한 하디스 구절들은 아래와 같다.

○ 꾸타이바와 이븐 라히아가 아므루 빈 슈아입으로부터 그의 아버지로부터 그의 할아버지로부터 듣고 말하길, 사도는 한 남성이 자유민 여성이나 노예 여성과 지나를 하여 낳은 아이는 상속을 할 수도 받을 수도 없다고 말했다.(티르미디본 2113; 이븐 마자본 2745)

○ 나쓰르 빈 알리, 아부 아흐마드, 이스라일이 시막 빈 하룹으로부터 사이드 빈 주바이르로부터 이븐 압바스로부터 듣고 말하길, 마이즈 빈 말릭이 사도에게 와서 지나를 하였다고 2번 자백하자 사도가 그를 내쫓았다. 이후 마이즈 빈 말릭이 다시 와서 지나를 2번 자백하자 사도가 그에게 4번을 자백하라고 말하면서 사람들에게 그를 데려가 투석형에 처하라고 말했다.(아부 다우드 4426)

○ 압둘라 빈 유숩, 알라이스, 사이드 알마끄부리가 그의 아버지로부터 아부 후라이라로부터 듣고 말하길, 사도는 노예 여성이 지나를 명확히

범한 경우 그녀를 채찍으로 때리고 비난하지 말며, 그녀가 또 다시 지나를 범하면 채찍으로 때리고 비난하지 말고, 그녀가 세 번째로 지나를 범하면 그녀와, 그녀의 머리끈조차도 팔아 버리라고 말했다.(부카리본 2152)

○알압바스 빈 우스만 알디마셔끼, 알왈리드 빈 무슬림, 아부 아므린, 야흐야 빈 아비 카시르가 낄라바의 아버지로부터 알무하지르의 아버지로부터 이므란 빈 알후싸인으로부터 듣고 말하길, 한 여자가 사도에게 와서 지나를 하였다고 자백하자 사도는 그녀의 옷을 단단히 묶으라고 명령하고 그녀를 돌로 쳤다. 그리고 그녀를 위해 장례예배를 했다.(이븐 마자본 2555)

○알하산 빈 알리, 압두랏자끄, 마으마르가 야흐야 빈 아비 카시르로부터 낄라바의 아버지로부터 알무할랍의 아버지로부터 이므란 빈 후싸인으로부터 듣고 말하길, 주하이나 출신의 한 여자가 사도에게 와서 지나를 하였고 임신을 하였다고 자백했다. 사도는 그녀의 후견인을 불러 그녀를 잘 보살펴 주고 출산을 하면 알려 달라고 했다. 그녀가 출산을 하였다는 소식을 듣자, 사도는 그녀를 옷으로 묶고 돌로 치라고 명령했다.(티르미디본 1435)

하디스는 지나 범죄에 대해 채찍형 100대를 언급한 코란 제24장 2절의 처벌보다 더 강력한 투석형을 명령하고 있다. 지나를 범한 무슬림 여성이 임신을 한 경우에는 출산까지 처벌을 연기하고, 출산 이후 투석형에 처하게 했다. 지나를 통해 태어난 아이는 상속의 대상이 되지 않는다는 점을 분명히 함으로써 무슬림으로서의 지위를 박탈하였다. 코란 제4장 15절에서는 4명의 증인이 있는 경우 지나에 대해 핫드형을 집행하도록 하였으나, 하디스(다우드본 4426)에서는 4번의 자백으로도 처벌을 할 수 있다고 보았다. 그 외 지나를 한 노예 여성에게는 무슬림 자유민과 달리 투석형에 처하지 않고 채찍형과 판매를 명령하고 있다.

3) 순니 4대 법학파의 명예살인 관련 법적 견해

하나피, 말리키, 샤피이, 한발리 법학파의 명예살인에 대한 파트와를 정리하였다.

첫째, 법학파들은 아부 다우드본 4532처럼 자신의 부인과 같이 있는 외간남성을 살해하는 것은 허용하지 않는다는 공통된 견해를 제시하고 있다. 부카리가 아부 후라이라로부터 듣고 말한 것을 보면, 사으드 빈 우바다가 사도에게 "저의 아내가 외간남성과 함께 있는 것을 보았는데 4명의 증인이 있을 때까지 살해를 늦추어야 합니까?" 하고 묻자, 사도는 말했다. "그렇다. 그를 살해하면 끼싸쓰형[13]을 받게 된다.

---

13 살인에는 살인, 상해에는 상해로 보복하는 동형동태의 처벌.

그러나 그 외간남성이 지나 범죄를 범했다는 증거가 있거나 자백이 있다면 예외이다. 두 사람 모두 또는 둘 중 한 사람을 살해하였다면 지나에 대한 증거를 가져오거나 증인을 채택하거나 자백을 받을 수 없게 된다. 증거나 자백이 있는 경우 보복이나 끼싸쓰나 디야(몸값)를 요청할 수 있다. 그때는 그 남성을 집으로 들어오게 하여 살해하는 것이 허용되며, 자신의 영혼을 구원하기 위해 부인을 살해하는 것도 허용된다." 일부 법학자들은 이런 경우에도 살해하지 말고 용서하는 것이 바람직하다는 견해를 제시하였다.

둘째, 한발리와 말리키 법학파는, 2명의 증인이 있는 경우 지나 범죄를 범한 기혼 남성을 살해한 사람에게 아무런 죄가 없다고 보았다.

셋째, 샤피이 법학파는, 한 남성이 자신의 여성과 함께 있는 외간남성을 발견하였다면 핫드형의 부과를 요청할 수 있다고 보았다. 두 사람이 기혼이라면 두 사람 모두를 살해할 수 있다. 둘 중 한 사람이 기혼이고 증거가 없다면, 둘 중 한 사람에게 보복을 할 수 있고 디야(몸값)를 받을 수도 용서할 수도 있다. 자신의 딸과 들러붙어 있거나 자신의 노예 여성과 지나를 하는 외간남성을 발견한 경우, 그에게 보복을 할 수 없지만 행위에 대한 증거가 있다면 그 남성을 살해할 수 있다.

넷째, 하나피 법학자인 이븐 아비딘(1784-1836)은, 외간남성이 자신의 여성과 함께 있는 것이 발견되었다 하더라도 그녀가 외국인이든 부인이든, 외간남성이 마흐람[14]이든 지나를 하기 이전에는 처벌할 수 없다고 주장했다. 살인자가 아니라면 살해하는 것이 허용되지 않기 때문이다. 외간남성이 자신의 여성과 지나를 하는 것이 발견되었다면 반드시 그를 살해해야 한다. 법학자인 나즘 알딘 무크타르 알자히디(?-1260) 또한 이와 같은 내용을 지지하면서, 어떤 여성과 지나를 하거나 키스를 하거나 반항하지 않는 한 여성을 포옹하고 있는 남성을 발견하였다면 그를 살해하거나 두 사람 모두를 살해해야 한다. 탁 트인 사막에서 자신의 여성과 같이 있는 외간남성을 보았는데 그에게서 지나와 같은 행위를 보지 못했을 경우, 어떤 법학자는 두 사람을 살해하는 것을 허용하고, 또 다른 법학자는 지나 행위를 목격하기 전까지는 살해를 허용하지 않는다.

일부 선행 연구들이나 뉴스를 통해 여성에 대한 반인륜적인 행위인 명예살인이 이슬람과 상관이 있다는 주장이 계속 제기되어 왔다. 샤리아의 제1법원인 코란과 제2법원인 하디스(순나), 코란과 하디스(순나)를 바탕으로 각 지역 무슬림이 필요로 하는 구체적인 법규범을 생산하는 법학파(법학자)들의 관련 파트와를 검토한 결과, 명예살인

---

14 마흐람은 성숙한 여성이 함께 앉아 있는 것이 허용될 정도로 가까운 남성 가족과 친척들(아버지, 아들, 친오빠, 남동생, 할아버지, 삼촌, 조카 등)을 말하며, 이들과의 결혼은 금지된다.

을 직접적으로 정당화하는 규범은 발견되지 않았다.[15] 한편 명예살인의 중대 요인으로 언급되었던 지나(일체의 비합법적 성행위) 범죄를 범한 남녀에 대해서는 핫드형(채찍형 100대, 죽을 때까지 집 안에 감금, 무슬림과의 결혼 금지, 자녀에 대한 상속 금지, 투석형, 판매)을 명령하고 있다.

3. 명예살인의 실태와 사례분석

BBC는 유엔마약범죄사무소(UNODC) 통계를 인용해 2017년 한 해 동안 배우자나 가족 구성원에 의해 살해된 여성이 약 50,000명이라고 보도했다(2018년 11월 25일). 이는 2017년 한 해 동안 살해된 전체 여성의 58%에 달한다.

50,000명의 여성 피살자는 남성 피살자의 약 20%이지만, 배우자나 가족 구성원에 의해 살해된 전체 수의 64%에 해당한다. 이러한 통계는 다수의 여성들이 가족에 의해 살해되고 있으며, 여성에게 가족은 그 어느 것보다 위험한 존재라는 것을 보여주고 있다.[16]

---

15 샤리아는 신체 학대, 가정폭력, 부인 폭행을 허용하지 않으며, 여성에 대한 폭력은 종교적 규범을 위반하는 행위로 본다(S. Douki 외, 2003, p.170).
16 가정은 체벌, 구타, 고문, 살인에 이르기까지 모든 유형의 폭력을 보여주는 가장 핵심적인 폭력의 진원지이다. 가정폭력(가족폭력)은 너무 흔하기 때문에 사랑만큼이나 전형적인 가족관계의 한 유형으로 인식되고 있다. 전통사회에서 남성이 여성을 살해하는 경우의 43%가 가족을 살해하는 사건이며, 주요 원인은 배우자가 성적 정절을 지키지 않는 경우이다(김중관, 2010, 43, 46쪽). 명예살인은 개인적인 폭력행위라기보다는 가족과 공동체의 남성과 여성 양측에 의해 승인되고 계획되고 실행되는 집단적인 폭력이고(Jane Haile,

명예살인이 발생하는 지역을 살펴보면 10만 명당 3.1명이 아프리카에서, 1.6명이 아메리카에서, 1.3명이 오세아니아에서, 0.9명이 아시아에서, 0.7명이 유럽에서 발생했다.

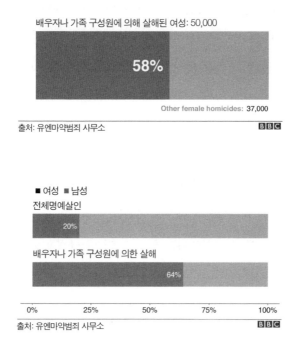

배우자나 가족 구성원에 의해 살해된 여성: 50,000

58%

Other female homicides: 37,000

출처: 유엔마약범죄 사무소　　　　　　ＢＢＣ

■ 여성 ■ 남성
전체명예살인

20%

배우자나 가족 구성원에 의한 살해

64%

0%　　25%　　50%　　75%　　100%
출처: 유엔마약범죄 사무소　　　　　　ＢＢＣ

2007, p.8), 여성에 대한 조직적이고 전 지구적인 폭력이다(Fadia Faqir, 2001, p.65). 명예살인이 일반적인 가정폭력과 다른 점은 계획적이고, 가족 구성원이 연루되며, 살인자가 가족이나 사회에서 부정적인 증상으로 나타나지 않는다는 점이다(Amin A. Muhammad MBBBS 외, 2010, p.3). 명예살인은 가족, 사회, 국가가 허용하는 여성 살해이다(Canan Arin, 2001, p.823).

통계에서 보듯 2017년도에 약 50,000명의 여성이 배우자나 가족 구성원에 의해 살해되는데, 이중 약 5,000명이 명예살인이란 이름으로 살해되었다(Kenneth Lasson, 2009, p.416). 선행 연구에서 제시된 명예살인의 통계를 종합해 보면, 5,000명 중 인도에서 1,000명이, 파키스탄에서 1,000명이 명예살인이란 이름으로 살해되었다.[17] 그 외 요르단에서 평균 25명이(1986-1999년)[18] 이집트에서 52명이(1995년), 예멘에서 약 400명이(1997년), 이란에서 565명이(2001년), 레바논에서 약 40명이(2001년), 팔레스타인에서 27명이(2013년), 시리아에서 약 200명이, 터키에서 약 200명이(2007년), 아프가니스탄에서 240명이(2012년) 명예살인이란 이름으로 살해되었다(Fadia Faqir, 2001, p.68, p.70).[19]

지금까지 명예살인의 다양한 이유들, 샤리아의 관련 구절들, 명예살인이란 이름으로 살해되는 여성의 통계를 나열하였음에도 불구하고, 명예살인의 심각성이 현실적으로 다가오지는 않는다. 이에 명예살인의 어처구니없는 이유들과 비극적 결말을 좀더 사실적으로 전달하기 위해 최근 국내 언론에 보도된 사례들을 소개한다.

17 「what country has the most honor killings? Who are the victims?」
18 요르단에서는 매년 약 25명에서 40명의 여성들이 명예라는 이름으로 살해되고 있다 (Jane Haile, 2007, p.12).
19 「Honor Killing」

1) 레바논 청년과 사랑에 빠진 공주

사우디아라비아의 미샤 공주는 유럽 유학을 동경했으나, 유럽에서는 아랍 전통을 지키기 어렵다고 생각한 국왕이 레바논 유학을 허락했다. 베이루트에서 유학하던 미샤 공주는 새르라는 청년과 사랑에 빠졌다. 이 사실을 알게 된 왕실은 공주를 즉각 본국으로 소환했다. 하지만 사랑을 포기할 수 없었던 19세의 공주는 소환에 불응했고, 왕실은 이들을 강제 귀국시키기 위해 요원을 파견했다. 이 소식을 안 공주와 새르는 유럽으로 도망칠 결심을 하고는, 인형을 강물에 던진 후 투신자살로 위장했다. 그리고 파리로 가기 위해 공항으로 향했지만, 두 사람은 공항에서 체포되어 사우디아라비아로 끌려갔다. 왕실에서는 공주가 새르에게 속은 것처럼 꾸미기 위해 사랑을 부정하라고 강요했고, 그렇게 되면 새르가 죽게 될 것을 알고 있는 공주는 이를 거부했다. 결국 공주는 신분을 감안해 투석형 대신 총살형을 당했고, 새르도 참수형에 처해졌다.('사우디아라비아의 공주, 사랑한 죄로 사형…명예살인 당한 미샤 공주', 《국제신문》 2017년 5월 21일)

2) 사진에서 다른 남성과 손을 잡고 있는 부인

파키스탄 경찰은 아내와 2명의 자녀, 장모를 비롯한 처가 식구 등 모두 9명에게 총을 쏜 뒤 사체에 불을 지른 혐의로 무함마드 아말을 체포했다. 경찰 조사 결과, 사우디아라비아에서 재단사로 일하다 귀

국한 아말은 아내가 다른 남성과 찍은 사진을 보고 이 같은 일을 저지른 것으로 드러났다. 아말은 경찰에서 "부인이 다른 남성과 손을 잡고 있는 사진을 보았다."며 "명백한 명예살인이고, 전혀 후회하지 않는다."고 말했다. 경찰은 살해 당시 현장에 함께 있었던 아말의 아버지도 체포해 조사하는 한편, 달아난 아말의 동생도 추적 중이다. 경찰은 가족들이 아말의 범행에 도움을 주었을 것이라고 보고 있다.('파키스탄에서 명예살인…처자식 등 9명 죽이고 방화', 《news1》, 2019년 7월 2일)

3) 부모의 반대에도 결혼을 하고 임신한 딸

《타임스 오브 인디아(TOI)》에 따르면, 인도 남부 텔랑가나주에 사는 바이샤 계급(상인 계급)의 마루시 라오(57세)가 사위를 살해했다. 딸 암루타 라오(21세)는 고등학교 시절 만난 프라나이 페루말라(23세)와 오랜 기간 교제했다. 프라나이는 불가촉천민인 달리트에 속해 있었다. 이들은 암루타 부모의 반대에도 불구하고 지난해 결혼식을 올렸다. 이후 카스트 사회에서 벗어나기 위해 호주로 이민 계획을 세우던 중 암루타의 임신 사실을 알게 되었고, 아이가 태어날 때까지 이민을 미루기로 했다. 지난해 9월 산부인과를 방문해 진료를 받고 나오던 중 마루시(장인)가 보낸 킬러가 암루타(딸) 앞에서 프라나이(사위)의 머리와 목을 수차례 흉기로 찔러 살해했다. 마루시는 경찰에서 "딸에게 수차례 낙태를 종용했으나 거부하므로 킬러에게 1,000만 루피

(약 1억 6,800만 원)를 주고 사위를 살해하도록 했다.”며 ‘명예살인’이라고 주장했다. 경찰 수사 결과, 마루시는 과거에도 세 차례 킬러를 보내 사위를 살해하려다 실패한 사실이 드러났다. 이 사건으로 마루시 등 모두 6명이 구속되었지만, 마루시는 지난 4월 조건부 보석으로 풀려났다. 명예살인이 인정되었기 때문으로 해석된다. 마루시의 변호사는 “천민 남성이 다른 계급의 여성을 협박해 결혼했다.”며 명예살인은 정당방위였다고 주장하고 있다.(‘임신한 딸 앞에서 천민 사위 청부살해…프라나이 살인사건, 카스트·명예살인 비극’,《news2day》, 2019년 8월 22일)

4) 상위 계층의 여성과 결혼한 최하층 계급의 남성

카스트 제도의 최하층 계급인 달리트였던 케빈 조셉(26세)은 높은 계층의 시리아 기독교인 여성인 니누 채코(20세)와 결혼한 이후 명예살인을 당했다고 영국《크리스천투데이》가 보도했다. 조셉은 인도 케랄라주에 있는 자신의 집에서 끌려와 매를 맞았고, 그의 사체가 인근의 배수로에서 발견되었다. 현지 언론에 따르면 니누의 아버지, 형제 등 니누의 일부 가족들이 이번 사건과 관련해 체포되었다.《걸프뉴스》는 니누의 이종사촌인 아샨 이스라엘, 나야스(26세), 라야스(26세) 등도 구류된 상태라고 보도했다. 이번 사건은 케랄라주의 카스트 논쟁에 다시 불을 붙였다. 이 지역에서는 소위 시리아 기독교인들로 불리는 상위 계층 기독교인이 낮은 달리트 계층의 기독교인들을 거부하고 있다.('인도 최하층 계급 기독교인 남성, 결혼 후 명예살인 당해',《크리스천투데이》, 2018년 6월 8일)

5) 혼전 교제와 야반도주를 했던 소녀

사랑하는 사람과 야반도주를 했다가 돌아온 16세 소녀가 가족에게 잔혹하게 살해된 사실이 드러났다. 경찰은 인도 내 만연한 명예살인이라고 판단했다. BBC에 따르면, 경찰은 인도 비하르주에서 절단된 채 발견된 16세 여성 시신에 대해 가족에 의한 명예살인의 피해자라는 수사 결과를 발표했다. 피해자의 가족은 지난해 딸이 실종됐다고 주장했으며 경찰이 딸의 행방을 찾는 데 더디다고 비난했다. 시신 발견 후에는 성폭행 당한 후 피살됐다고 주장했다. 경찰 측은 피해자가 한 남성과 함께 달아났지만 3일 만에 집으로 돌아왔으며, 화가 난 부모가 정육점 친구와 결탁해 살인을 저질렀다고 밝혔다. 검시 결과 해당 피해자에게서 성폭행 흔적은 발견되지 않았으며, 피해자의 여동생은 피해자가 정육점 주인과 함께 있는 것을 보았다고 증언했다. 경찰은 시신 발견 후 부모를 여러 차례 경찰에 불렀지만 별다른 이유 없이 나타나지 않았다고 전했다. 경찰서장은 "심문을 계속 피하는 가족의 태도는 경찰의 의심을 확신시켜 줬다."며 정육점 친구를 통해 사건의 전말을 파악했다고 말했다. 해당 지역에서는 가족과 공동체의

1991년 미국 미주리주 동부지방법원이 팔레스타인 출신 미국인 자인 이사와 브라질 태생의 마리아 이사에게 사형을 선고했다. 그들이 16세 딸 팔레스티나 이사를 명예살인한 혐의였다. 그녀는 부모가 싫어하는 댄스 음악과 랩, R&B, 록 음악을 즐겨 들었다. 사진은 한국 가수(강남) 두바이 콘서트 장면.

허락 없이 결혼한 사람을 처벌하는 관습이 있으며, 특히 가출은 용납될 수 없는 분위기라고 경찰은 전했다.('사랑의 도피 16세 인도 소녀, 가족에 의해 잔혹 살해',《NEWSIS》 2019년 1월 11일)

6) 남자아이와 친절하게 대화하는 딸

영국《메트로》등 해외 언론 보도에 따르면, 라디카라는 이름의 13세 소녀가 최근 인도 안드라프라데시주에서 숨진 채 발견됐다. 라디카의 아버지는 자신의 딸이 또래의 남자아이에게 친절하게 대하는 것을 목격한 뒤, 딸의 행동이 가문에 나쁜 영향을 미친다고 판단하여 딸을 살해했다. 현지 경찰에 따르면, 라디카의 아버지는 딸의 머리를 강하게 구타하는 등 폭력을 행사한 뒤 목을 졸라 살해하고 시신을 불구덩이에 넣었다. 이번 사건의 피해자인 라디카는 인도 내에서 발생한 명예살인 피해자 중 최연소에 해당하는 것으로 알려졌다. 경찰 관계자는 "피해자의 타다 만 시신이 발견됐다. 시신의 형태로 보아 용의자는 피해자를 살해한 뒤 시신을 불태운 것으로 확인됐다."고 전했다. 시신이 발견된 직후 체포된 라디카의 아버지는 자신의 혐의를 모두 인정했으며, 딸의 명예롭지 못한 행동을 본 뒤 분노를 참지 못하고 살인을 저질렀다고 범행동기를 밝혔다.('해괴한 명예살인⋯아비가 죽인 13세 딸 등 매년 5000명',《나우뉴스》 2017년 9월 20일)

7) 관습을 거부한 과부

하툰 수루쿠(23세)는 2005년 독일 베를린의 한 버스정거장에서 남동생이 쏜 세 발의 총알을 머리에 맞고 숨졌다. 수루쿠는 16살에 가족들이 정해 준 남성과 결혼했다. 형제들은 그녀가 이혼 후 다른 남성을 만나기 시작했으며, 전통 관습을 거슬러 히잡(머릿수건)을 쓰지 않았기 때문에 살해했다고 밝혔다. 수루쿠는 독일 쿠르드계 이민자의 딸로 독일에서 자랐다. 그녀의 아버지는 수루쿠를 학교에 나가지 못하게 하고 터키에 있는 친척들의 마을로 보냈다. 이후 그녀는 16살에 사촌과 강제로 결혼해야만 했다. 이혼 후 그녀는 베를린으로 돌아와 아들을 낳고 부모님 집에서 이혼모로 지냈다. 수루쿠를 죽인 막냇동생 아이한은 징역 9년 형을 선고받고 독일 감옥에 수감 중이다. 하지만 그녀의 다른 형제인 무트루(38세)와 아파르슬란(36세)은 두 번이나 석방됐다. 사건을 담당했던 검사들에 따르면, 수루쿠의 형제들은 "누이가 히잡을 쓰지도 않고, 독일 남성을 만나는 걸 보면서 모욕감을 느꼈다."고 말한 것으로 전해졌다.('누나 명예살인 남성 2명, 터키 법정서 무죄판결',《국민일보》2017년 5월 31일)

8) 관습을 거부하고 개종한 소녀

1991년 미국 미주리주 동부지방법원이 팔레스타인 출신 미국인 자인 이사와 브라질 태생의 마리아 이사에게 사형을 선고했다. 그들이

16세 딸 팔레스티나 이사를 명예살인한 혐의였다. 티나 이사가 저버린 명예란, 부모의 허락 없이 마을 패스트푸드 가게에서 야간 점원으로 일한 것과 아프리카계 미국인 남자친구를 사귄 거였다. 그녀는 부모가 싫어하는 댄스 음악과 랩, R&B, 록 음악을 즐겨 들었고, 가족의 종교인 이슬람을 버리고 가톨릭교회에 다녔다. 부모를 따라 브라질, 푸에르토리코, 요르단 서안 등지에서 살다가 세인트루이스로 이사한 막내딸 티나는 고교에서 우등생이었고, 부모가 반대하는 축구부원으로도 활약했다. 고 2땐 졸업 전 무도회에 갔다가 부모에게 붙들려 온 적도 있었으니, 그녀는 이사 부부에겐 문제아였을 것이다. 1989년 그녀의 아버지는 살려 달라고 애원하는 딸을 식칼로 무자비하게 살해했고, 어머니인 마리아는 발버둥치는 딸의 몸을 눌러 범행을 도왔다. 법원은 그들에게 1급 살인죄를 적용, 약물사형을 선고했다.('기억할 오늘 티나 이사', 《한국일보》 2017년 12월 20일)

9) 혼전 교제와 개종을 밝힌 소녀

CNN에 따르면 이스라엘 중부 도시 람리에 거주하는 사미 카라(58세)는 자신의 딸 헨리에타 카라(17세)를 흉기로 찔러 숨지게 한 혐의로 체포됐다. 이 남성은 딸이 무슬림 남성과 사귀는 것을 반대해 왔고, 이로 인해 극심한 갈등을 빚었던 것으로 전해졌다. 이들 부녀는 아랍계 이스라엘인으로, 숨진 딸은 지난 5월 말 아버지의 협박을 피해 집을 나와 남자친구의 집에서 지냈다. 이후 아버지는 남자친구의 집을 찾아가 손찌검을 하는 등 행패를 부렸다. 남자친구의 어머니가 경찰에 신고했고, 딸은 사회복지사와 상담한 뒤 결국 집으로 돌아갔다. 그녀의 아버지는 딸의 고교 졸업을 축하하는 가족 파티까지 여는 등 불화에서 벗어나는 듯 보였다. 하지만 졸업 파티 하루 뒤 딸은 유치장에 수감된 남자친구에게 영치금을 보낸 후, 가족 중 한 명에게 이슬람으로 개종하겠다는 뜻을 내비쳤다. 이를 알게 된 아버지는 극도로 흥분해 흉기를 들었고, 집안 내 종교 갈등은 아버지가 딸을 숨지게 하는 비극으로 끝나고 말았다.('비하 · 체포에 살해까지…갈 길 먼 여성 인권', 《국민일보》 2017년 7월 20일)

10) 성폭행 당한 소녀

영국의 《데일리메일》은 파키스탄 라잔퍼 지역에 사는 19세 소녀가 사촌오빠에게 성폭행을 당한 후 사형을 선고받은 사건에 대해 보도했다. 보도에 따르면, 소녀는 가족과 함께 잠을 자던 중 사촌오빠에게 성폭행을 당했다. 성폭행 당시 소녀는 총부리를 겨누며 위협하는 사촌오빠에게 저항할 수 없었다. 소녀는 자신이 당한 일을 마을의 종족 법원에 알렸다. 하지만 재판부는 "소녀가 남성을 유혹했다."며 오히려 피해 여성에게 간통죄를 적용해 사형을 선고했다. 재판부는 소녀에게 사형을 선고한 반면 가해자인 남성에게는 무죄를 선고했다.

해당 종족 재판부에는 가해자 남성의 아버지가 포함돼 있었다. 피해 여성은 아버지와 함께 몸을 피신한 상태이다.('사촌한테 성폭행당했는데 '유혹'했다며 사형 선고 받은 19살 소녀', 《인사이트》 2017년 5월 31일)

국내 언론에 보도된 명예살인의 사례들에 나타난 명예살인의 이유, 피해자와 가해자를 표로 작성해 보면 다음과 같다.

	명예살인의 이유	피해자	가해자
1	청년과의 교제	사우디아라비아의 19세 공주	사우디아라비아 왕실
2	부인이 다른 남성과 손을 잡고 찍은 사진	부인 외 8명(자녀 2명, 장모 등 처가 식구)	남편
3	부모의 반대에도 결혼을 하고 임신한 딸	사위	장인
4	상위 계층의 여성과 결혼	신랑	신부 가족과 친지(신부의 아버지, 형제, 이종 사촌들)
5	혼전 교제와 야반도주	16세 소녀	소녀의 부모와 이웃 사람
6	남자아이와의 친밀한 대화	13세 소녀	아버지
7	관습 부정(히잡 미착용, 이교도 남성과의 교제)	미망인	남동생들
8	관습 부정(부모의 허락 없이 패스트푸드점 점원으로 일한 것, 미국인 남자친구와 교제, 음악 청취) 과 개종	16세 소녀	부모
9	남성과의 교제와 개종	17세 소녀	아버지
10	성폭행	19살 소녀	마을 종족 법원

명예살인의 사례들을 종합해 보면, 10건의 사례 중 가해자와 피해자가 가족 관계에 있는 사건은 9건이고, 가해자가 제3자인 경우가 1

건이다. 9건의 가족 관계 사건들 중 가해자가 부모인 경우가 7건, 가
해자가 형제인 경우가 1건, 가해자가 남편인 경우가 1건이었다.[20] 가
해자와 피해자의 성별을 보면 가해자는 모두 남성이고 피해자가 여성
인 경우는 8건, 피해자가 남성인 경우는 2건이다.

4. 명예살인은 가정폭력

명예살인이 이슬람과 관련이 있다는 주장의 진위를 검증하기 위해
무슬림 삶의 규범이며 지침인 샤리아의 관련 규범을 구체적으로 탐구
하였다. 그 결과 코란, 하디스(순나), 법학파들의 법적 견해(파트와)에
는 명예살인을 정당화하거나 언급하는 구절이 없다는 것을 확인하였
다. 명예살인이 발생하는 지역(파키스탄, 아프가니스탄, 방글라데시, 이집
트, 인도, 이란, 이스라엘, 요르단, 레바논, 나이지리아, 팔레스타인, 터키, 브
라질, 페루, 미국, 영국, 이탈리아, 노르웨이, 스웨덴, 독일 등)을 보면 다수의
명예살인이 이슬람세계와 서구의 무슬림 이주자 사회에서 발생하고
있다는 것은 사실이다. 하지만 연구 결과를 종합해 볼 때, 명예살인은

---

20 한국에서 2009년부터 2011년까지 3년간 여성 289명이 남편이나 애인의 손에 살해당했
다. 2012년 한 해 동안에는 여성 120명이 남편이나 애인 등 친밀한 관계에 있는 남성의 손
에 살해당했다. 피해자가 여성인 경우 가해자가 현·구 남편이거나 애인이었던 사건이
37.5%에 달했다. 이러한 통계는 가정이나 보호자로서의 남성이 여성에게 더 위험하다는
것을 보여준다. 결국 가정폭력은 가부장제나 성차별주의 혹은 남성중심주의와 무관하지
않다는 것을 보여준다(황주영, 2013, 5쪽).

특정한 문화나 종교에 국한되기보다는 전 세계적인 현상이라 할 수 있다.

다수의 선행 연구들은 명예살인의 주 요인을 이슬람이 아니라 가부장제에서 찾고 있다. 명예살인이 지속적이고 빈번하게 발생하는 이유는 무슬림공동체의 특수한 가부장 문화, 더 나아가 전 세계 어디에서나 발견되는 보편적 가부장제에 있다는 것이다. 명예살인이 부족주의[21]와 가부장제가 강하고 보수적인 이슬람 국가와 무슬림 이주자들 사이에서 많이 발생한다는 점이 이를 뒷받침한다. 명예살인은 여성에 대한 남성의 폭력 행위이며 가정폭력의 하나로서 남녀 간의 불평등한 젠더 관계에서 기인한다고 할 수 있다.

현재도 명예살인은 근절되지 않고 있다. 명예살인의 악습을 뿌리 뽑기 위해서는 국가가 명예살인을 허용하는 형법 조항을 폐지하고 명예살인을 금지하는 강력한 법안을 제정해야 한다.[22] 또한 종교와 시민 단체 등의 공동체가 어떤 이유로도 명예살인은 정당화될 수 없다는 사실을 계몽하고, 피해자에 대한 구조 활동을 적극적으로 펼치는 것

---

21 명예살인은 구성원의 결속을 중요시하는 부족주의 특성 때문에 생겨난 관습이다. 이슬람문화권을 비롯한 중동 국가에서 아직까지 명예살인이 근절되지 않는 것은 부족주의 전통이 굳건히 자리 잡고 있기 때문이다(오은경, 2008, 196쪽). 명예살인은 대부분 농촌지역이나 저소득층 사이에서 빈번하게 발견된다. 도시인들에 비해 전통사회를 유지하므로 개인보다 집단을 우선시하고 가부장제를 중요시하는 경향이 강하기 때문이다(김중관, 2010, 41쪽).
22 파키스탄 의회는 2016년 10월 명예살인 범죄자를 반드시 처벌하고, 가족의 감형 요구권을 최소화하는 법안을 통과시켰다.

도 중요하다. 명예살인이 입증되면 경미한 처벌에 그친다는 법 감정과 관행을 바로잡는 노력도 병행되어야 한다.[23]

23 요르단 형법 제340조 1항은 "한 남성이 부인, 부모와 자식 중 여성, 여자형제가 지나 범죄를 범하거나 그들을 비합법적인 침대에서 발견할 경우 즉시 그녀, 지나를 범한 이, 두 사람을 살해하거나 그녀와 지나를 범한 이를 사망, 부상, 평생 불구에 이를 정도로 폭행한 경우 감형된다."이고, 2항은 남성에게도 동일한 규범을 적용하고 있다. 이집트 형법 제237조는 "한 남성이 부인의 지나 범죄를 발견하고 그녀와 지나를 범한 이를 즉시 살해한 경우 제234조와 제236조에 정해진 처벌 대신에 징역형에 처한다."이다. 레바논 형법 제562조는 "한 사람이 부인, 부모와 자식 중 여성, 여자형제의 지나 범죄를 목격하거나 그들의 비합법적인 성관계 상황을 발견하고 우발적으로 두 사람을 살해하거나 상처를 입힌 경우 감형된다."이다. 모로코 형법 제418조는 "부부 중 한 사람이 배우자와 동반자의 배신 범죄를 목격하고 살해, 부상, 폭행 범죄를 범한 경우 감형된다."이다.

가부장제*
—가부장제는 전 지구적 현상이다

* 이 글은 『아랍어와 아랍문학』 제23-3(2019)에 「이슬람 페미니즘의 가부장제 비판과 대응 및 극복 논리」라는 제목으로 게재된 글을 수정·보완한 것이다. 아랍어 자료와 참고문헌은 편집의 어려움과 가독성을 고려하여 생략하였다.

1. 이슬람은 가부장적

'이슬람은 가부장적인가?', '샤리아에는 가부장적 요소들이 많은가?'라는 질문에 대해 다수의 비무슬림들은 그렇다고 대답할 것이다. 일부사처제, 여성의 베일 착용, 남편에게 순종해야 하는 아내, 남성의 쉬운 이혼과 여성의 제한적인 이혼 권리, 아들과 딸의 불균등한 상속, 여성할례, 명예살인 등 가족과 이슬람공동체(움마) 내에는 남성에 비해 여성이 불평등하다고 볼 수 있는 요소들이 있기 때문이다. 언급된 주제어만을 보면 이슬람은 가부장적이라고 말할 수 있다. 가부장제는 재산권과 구성원에 대한 인신구속권[1]을 남성 최연장자가 갖는 가족 형태나 사회체계를 말하기 때문이다.

이슬람 페미니스트를 필두로 한 일부 무슬림은 교육, 노동, 정치 등 공적 분야에서뿐만 아니라, 가족과 같은 사적 분야에서도 성평등이 실

---

1 사람의 신체를 구속하는 권리로서, 법적으로는 수사와 형사재판 절차에서 유죄가 확정되기 전에 피의자와 피고인의 자유를 박탈하는 것이다. 또한 가부장제 사회에서 가장이 가족 구성원의 모든 행동을 구속하는 총체적인 권리를 말한다.

현되어야 한다고 주장한다. 그들은 남녀평등을 실현하기 위해서는 가부장제를 해체하고, 계시 문서(코란, 하디스)에 언급된 인간평등 또는 양성평등 원칙을 재발견해 이를 사회와 가정에서 동시에 실천해야 한다고 주장한다. 코란과 하디스의 여성 관련 구절을 남성의 시각이 아니라 여성의 시각 또는 성평등의 시각에서 재해석해야 한다는 것이다.

이에 가부장적 가족 형태나 사회체계로 인한 여성 억압과 차별의 사례로 주장되고 있는 사안들 중 일부사처제, 베일 착용, 상속에 관한 코란 구절의 샤리아 해석과 이슬람 페미니스트의 비판과 주장을 비교하였다.[2] 다음으로 이슬람 페미니스트뿐만 아니라 다수의 이슬람학자들이 성불평등 인식체계의 극복 방안으로 주장하고 있는 대응 논리를 정리하였다. 이를 통해 이슬람과 가부장제에 대한 오리엔탈리즘의 피상적이거나 흠집내기식 비판이 아니라, 이슬람 내부의 이해당사자들 스스로가 문제의 본질을 파악하고 극복하려는 자성적 노력을 살펴보았다.

---

2 「이슬람 페미니즘과 여성 시각에서 새로운 종교 텍스트 읽기」(2015), 『변화하는 무슬림 여성』(2015), 「일부사처제에 대한 샤리아 규범」(2018), 「히잡 착용에 관한 샤리아 규범」(2018)을 이슬람 페미니즘의 주장과 샤리아의 견해를 비교하는 주요 자료로 활용하였다.

2. 이슬람 페미니즘의 가부장제 비판

가부장제는 이슬람 이전에 이미 지중해 전역의 지배적인 사회제도
였다(Gema Martin Muñoz, 2006, p.37). 신체력이 집단 보호의 절대적인
수단이었던 원시 수렵사회에서 남성은 자연스럽게 여성과 어린이뿐
만 아니라 가문이나 집단을 보호하는 역할을 맡게 되었고, 여성은 육
아와 가사에 종사하게 되었다. 농경사회가 되면서 농사일, 농토의 확
장, 전쟁을 위해 체력적으로 우수한 남성이 사회의 주류가 되었고, 남
성이 집단의 보호와 부양권 및 인신구속권까지를 갖게 되는 가부장제
가 사회체제로 자리잡게 되었다. 이러한 상황은 부족주의 이념하에
있던 이슬람 이전의 아라비아반도에서도 널리 만연하고 있었다.[3]

7세기 초 아랍 부족주의 이념(아싸비야)을 타파하고 신앙에 근거한
이슬람공동체(움마)를 건설한 이슬람은[4] 부족 중심의 사회구조에서

---

3 이슬람 이전 시대 아라비아반도에서는 여성의 권리가 억압되어 있었다. 여성에게는 상속
   권이 없었고, 남편에 대해 어떠한 권리도 갖지 못했으며, 남편을 선택할 권리도 없었다. 남
   편이 사망할 경우 장남이 모든 재산의 상속권을 가졌을 뿐만 아니라 남편의 형제들은 미망
   인과의 결혼을 주장할 수도 있었다.
4 이슬람 이전의 아라비아반도에는 국가 형태를 갖춘 정치조직체가 형성되기 어려웠다. 아
   랍인들은 가까운 혈족 단위의 씨족이나 부족이 집단을 이룬 소수 공동체 생활을 하였고,
   사막이라는 환경이 부족사회 이상의 정치조직을 이루지 못하게 막았다. 아랍인들이 더 크
   고 단합된 조직체를 이루기 위해서는 지리적 환경을 다스리고 서로 다른 관습과 전통 속에
   서 살아온 부족들을 하나로 결집할 수 있는 강력한 힘이 필요했으며, 코란에 담긴 알라의
   계시가 결집력을 제공해 주었다. 그 결과 이슬람 신앙을 바탕으로 한 새로운 종교공동체
   (움마 또는 자마아)가 형성되었다(손주영, 1997, 19-20쪽).

탈피하여 메카와 메디나와 같은 대도시를 중심으로 한 핵가족 사회구
조를 지향하였다. 그 결과 코란은 물론 하디스(순나)와 법학파들의 법
적 견해에 가부장적 부족사회 구조에서는 관심의 대상이 되지 못했던
여성과 가족 관련 문제가 비교적 상세하게 다루어졌다(조희선, 2015, 4
쪽; Margot Badran, 1982, p.59).[5]

　1980년대에 등장한 이슬람 페미니즘은[6] 하디스 학자, 탑시르(코란
주해) 학자, 법학자(법학파)가 계시 문서인 코란과 하디스를 가부장적
관점에서 해석함으로써 성불평등을 조장했다고 보고, 여성의 권리,
역할, 지위 등과 관련된 내용을 여성의 입장에서 재해석해야 한다고
주장하였다(Cengiz KOC, 2016, p.178).[7] 이슬람 페미니즘은 여성의 정치

5　이슬람 초기의 여성에 대한 원칙들은, 인간으로서 남성과 동등한 존재로 인식되었고, 이
　전 종교들(유대교, 그리스도교)과 달리 아담이 천국에서 쫓거나 벌을 받게 만들었다는 저
　주에서 벗어났다. 여성은 남성과 같이 복종의 백성으로서 천국에 들어가며, 여성의 탄생
　이 슬픈 일이라는 비관주의에 맞서 싸웠다. 여성 생매장과 비방 금지, 딸, 아내, 엄마에 대
　한 존중, 남성과 같은 교육, 남편과 같은 권리 보장, 일부사처제, 미성년 여성에 대한 후원
　보장이 이루어졌다. 이와 같은 내용들은 코란 제2장 36절, 제2장 228절, 제3장 195절, 제
　4장 1절, 제6장 140절, 제7장 20절, 제30장 21절, 제33장 35절, 제46장 15절, 제81장 9절에
　언급되어 있다.
6　페미니즘이란 용어가 19세기 후반 아랍과 이슬람세계에 소개되었고, 1920년대 초반에
　니사이아(여성의)란 아랍어 용어로 만들어졌지만, 이슬람 페미니즘이 본격 시작된 것은
　1980년대부터였다. 이후 1990년대에 이론적 틀이 확고히 정립되었다(김정명, 2015, 75-78
　쪽). 아랍의 여성운동은 3단계로 구분해 볼 수 있는데, 제1단계는 19세기 말경 무슬림과
　서구와의 접촉이며, 제2단계는 19세기 말부터 20세기 초까지의 기간으로 여성이 서구의
　식민통치로부터 해방하려는 운동에 동참하면서 평등에 대한 요구가 증가하는 시기이다.
　제3단계는 20세기 중반의 시기로 민족사상이 확산되면서 여성운동이 증가되었다.
7　이슬람 틀 안에서의 여성권리운동의 원동력은 이슬람 페미니스트만의 창조물이 아니다.
　여성권리 신봉자들의 압도적 대다수가(그들이 독실한 무슬림이건 실천하지 않는 신자이
　건 혹은 신자가 아니건 암묵적인 무신론자이건) 자신들의 주장을 정당화하기 위해서는 코
　란과 기타 이슬람 문헌의 전통적 해석에 대한 대안을 개발할 필요가 있었다. 무슬림 개혁

참여, 교육 기회 균등, 경제적 권익 증진과 같은 비종교적 영역에 집중되어 있는 세속적 페미니즘(서구적 페미니즘[8])과 달리, 페미니즘 본연의 목적인 성평등을 실현하기 위해 성불평등을 조장하였던 코란과 하디스의 가부장적 해석 전통을 이슬람 패러다임 속에서 해체하려는 운동이다(김정명, 2015, 72-73쪽, 77-78쪽).[9]

이슬람 페미니즘은 성불평등의 근본 원인이 사회적인 것이지 종교적인 것이 아니라고 강조한다. 계시 문서(코란, 하디스)에는 성평등을 명확하게 언급하는 다수의 구절이 있으며, 사도 무함마드를 비롯한 초기 이슬람공동체 지도자들 역시 여성의 권리를 증진하기 위해 많은

주의자들은 이슬람 규범이 남성중심적이며, 코란을 문화적으로 왜곡한 것이라고 주장한 반면에, 비무슬림 개혁가들의 궁극적인 목표는 샤리아를 수정하는 것이 아니라 완전히 폐지하는 데 있었다. 그들은 샤리아 폐지를 통해 근대적 가치와 실천들을 비이슬람적이며 코란에 반하는 것으로 몰아 대중의 감정을 조작하는 이슬람 성직자와 법학자들을 포함한 보수주의자들의 저항을 극복하기를 희망했다(하이다 모기시, 2009, 229-230쪽).

8   세속적 페미니스트는 종교의 영향력을 부정적으로 보고 시민사회에 대한 종교 지배의 종식, 국가와 종교의 분리를 요구하는 사람들이다. 반면에 무슬림 페미니스트는 이슬람의 틀 내에서 다양한 방식으로 샤리아를 개혁해서 여성의 권리를 신장하려는 사람들이다(마르얌 포야, 1999, 35쪽).

9   이슬람 페미니즘은 서구 문명이 아니라 이슬람을 기반으로 하고 있으며, 여성의 시각에서 샤리아를 재해석하는 것이 본질이다. 이슬람 페미니즘은 남성의 이익만을 추구하는 가부장적 해석에 반대하고, 양성 모두에게 공정한 전통을 만들려고 노력한다(Semiha Topal, 2015, pp.73-75). 정치적·사회적·경제적 측면에서 성평등을 추구한다는 목적에 있어서는 이슬람 페미니즘이 세속적 페미니즘과 일치하지만, 이를 실현하는 방법에 있어서는 차이가 있다. 즉 이슬람 페미니즘은 종교의 역할에 주목하고, 특히 코란이나 하디스 같은 계시 문서를 여성의 시각에서 재해석함으로써 페미니즘의 저변 확대를 모색하였다(Congiz KOC, 2016, pp.183-184). 또한 세속적 페미니즘의 성평등이 공적 영역에 집중하고 사적 영역을 배제한 반면에, 이슬람 페미니즘은 공적 영역뿐만 아니라 사적 영역에서도 성평등이 실현되어야 한다고 주장한다. 특히 사적 영역에서의 성불평등을 해소하기 위해서는 가부장제를 해체해야 한다고 주장한다(김정명, 2015, 78-80쪽).

노력을 기울였다고 주장한다. 하지만 후대에 이르러 가부장주의에 매몰된 남성 학자들(하디스 학자, 탑시르 학자, 법학자)이 코란과 하디스를 임의로 해석하면서 성평등 사상이 힘을 잃게 되었다는 것이다. 따라서 이슬람 페미니즘은 계시 문서에 대한 가부장적 해석을 해체함으로써 코란과 하디스에 담긴 성평등 사상을 재발견할 수 있고, 이슬람 전통을 유지하면서도 동시에 현대사회가 요구하는 여성의 권리를 확보할 수 있다고 주장한다(김정명, 2015, 80쪽).

이슬람 페미니스트인 아스마 바를라스(1950-)는 『Believing Women in Islam: Unreading Patriarchal Interprepations of the Qur'ān』에서 이슬람과 샤리아를 구분해야 한다고 강조한다.

○우리는 이슬람을 공부할 때 종종 텍스트와 문화와 역사를 구분하지 않는다. 그 결과 우리는 코란과 탑시르(코란 주해)를 혼동하고, 이슬람과 정치적 목적을 위해 이용되는 가부장제와 억압적인 무슬림 국가의 관행들을 혼동하고 있다(Barlas, 2002, p.10).

아스마 바를라스는 같은 저서에서 코란의 가부장적 해석에 대한 이슬람 페미니스트의 입장을 단적으로 보여준다.

○나는 믿는 여성(believing woman)으로서 코란을 읽는다. 이 말은 코란

에 나오는 용어이다. 나는 모든 무슬림이 그러하듯 코란이 신의 말씀이라는 본질적인 지위와 알라가 그렇게 말씀하셨다는 주장을 받아들이고 이에 의문을 제기하지 않는다. 그러나 나는 코란에 대한 가부장적 독서의 합법성에는 의문을 제기한다(Barlas, 2002, p.19).

파티마 메르니시(1940-2015)는 하디스가 반여성적 담론을 제공한 원흉 중 하나라고 주장한다. 사도 무함마드 사망 이후 많은 정치인들이 자신의 정치적 행동을 정당화하기 위한 수단으로 하디스(순나) 수집에 관여했고, 그 와중에 가부장적 이슬람학자들이 위조된 하디스(순나)를 이용했다는 것이다(Cengiz KOC, 2016, p.176; Miriam Cooke, 2001, pp.70-75). 그녀는 자신의 저서 『Le harem politique(정치적 하렘)』에서 코란 다음으로 중요한 책이라는 부카리 하디스에 수록된 두 구절("여성을 통치자로 삼은 민족은 번성하지 못할 것이다."[10]와 "개, 당나귀, 여성이 예배를 방해한다."[11])을 전한 전승자들 중 일부가 신뢰할 만한 사람이 아니라고 주장한다(김정명, 2015, 88-89쪽; Miriam Cooke, 2001, pp.71-73).

---

10 "우스만 빈 알하이삼이 아욥으로부터 알하산으로부터 아부바크라로부터 듣고 말하길, 자말 전투 때 페르시아인들이 코스로우의 딸을 왕으로 삼았다는 말을 들은 사도가 여성을 자신들의 통치자로 삼은 민족은 번성하지 못할 것이라고 말했다."(부카리 하디스 7099번)
11 "이스마일 빈 칼릴이 알리 빈 무스히라로부터 알아으마시로부터 무슬림으로부터 마스룩으로부터 아이샤로부터 듣고 말하길, 그들이 그녀(아이샤)에게 개와 당나귀와 여성이 예배를 중단시킨다고 말했다. 그녀는 당신들이 우리(여성)를 개와 같이 취급하고 있다고 말하면서, 나는 사도가 예배를 할 때 그와 끼블라(예배 방향, 메카 카으바신전) 사이에 누워서 사도를 바라보곤 했다고 말했다.…"(부카리 하디스 511번)

이상과 같은 이슬람 페미니즘의 주장을 바탕으로 여성 억압과 차별의 사례로 언급되는 일부사처제, 베일 착용, 상속과 관련된 코란 구절에 대한 샤리아의 견해와 이슬람 페미니즘의 견해를 비교하였다.

1) 일부사처제
일부사처제와 직접 관련된 코란 구절들은 다음과 같다.

○너희가 고아 소녀들에게 공정하고 공평하게 분배하지 못할 것이 두렵다면 너희가 좋아하는 2명, 3명, 또는 4명의 여성과 결혼하라. 그녀들에게 공정하고 공평하지 못할 것이 두렵다면 1명의 여성이거나 너희의 오른손이 소유한 것(노예)이다. 그것이 너희가 부정해지지 않는 가장 가까운 길이다.(제4장 3절)

○너희가 열렬히 희망한다 하더라도 여성들에게 공정하고 공평하게 할 수 없을 것이다. 한쪽으로 치우치지 말라. 그녀를 매달려 있는 것처럼 만들게 된다. 너희가 화해하고 알라를 두려워한다면 알라는 너그럽고 자비롭다.(제4장 129절)

○사도여, 우리(알라)는 네가 마흐르를 지불한 여성들, 너의 오른손이 소유한 것(노예), 알라가 너에게 전쟁포로로 주었던 여성들, 삼촌의 딸들, 고모의 딸들, 외삼촌의 딸들, 이모의 딸들, 너와 함께 이주한 여성들, 너에게 스스로를 의탁한 믿는 여성들을 네가 부인으로 삼는 것은

허락하였다. 사도가 그녀들과 결혼하고자 원할 경우 허용되나 다른 믿는 이들에게는 허락되지 아니한다. 우리(알라)는 그들(믿는 이들)의 부인들과 그들의 오른손이 소유하고 있는 것에 관하여 명령했던 것을 알고 있다. 이는 너에게 죄가 되지 않게 함이다. 알라는 너그럽고 자비롭다.(제33장 50절)

코란은 제4장 3절을 통해 남성이 공정하고 공평한 분배를 한다는 전제조건하에서만 4명까지의 부인을 둘 수 있다고 허용하면서도, 제4장 129절을 통해 제아무리 노력한다고 하더라도 여러 부인에게 공정하고 공평하게 할 수 없는 남성의 본성을 지적하고 있다. 제33장 50절을 통해서는 사회 구제와 이슬람 확장을 위해 사도 무함마드에게는 다수의 결혼을 허용하지만,[12] 다른 무슬림에게는 4명을 초과하는 여성들과 결혼하는 것을 허용하지 않는다고 분명하게 명령하고 있다(임병필a, 2018, 48-49쪽).

이상의 코란 구절들 중 논쟁이 되는 것은 제4장 3절이다.

첫째, 샤리아는 코란 제4장 3절이 이슬람 이전 시대에 만연하고 있

---

12 사도 무함마드는 13번 결혼했으며, 이 중 7번은 미망인과, 3번은 전쟁포로와 결혼했다. 또 2명의 유대교 여성, 1명의 콥트교도 여성과도 결혼했다. 사도 무함마드가 일반 무슬림에게 규정된 4번의 결혼을 넘어 13번을 결혼한 이유는 미망인과 고아의 구제, 무슬림 결속, 부족 결속, 타 종교와의 화합, 이슬람 이전의 관습 제거를 위함이었다(임병필a, 2018, 49-50쪽).

던 일부다처제의 관습을 철폐하려는 목적을 가지고 있다고 보았다. 이슬람 이전 시대는 후견인이 자신의 보호하에 있던 고아 소녀들과 결혼할 수 있었고, 남성들은 수에 제한 없이 여성들 또는 고아 여성들과 결혼하고 그녀들의 재산을 차지하거나 그녀들을 공정하고 공평하게 대우해 주지 않았다. 따라서 이 구절을 통해 공정하고 공평하게 분배한다는 전제조건하에서 한 남성이 결혼할 수 있는 부인의 수를 4명까지로 제한한 것이다. 이 구절은 시간과 부양(주거, 생활, 선물)에 있어서 모든 부인들에게 공정하고 공평하게 분배할 것을 명령한 것으로 이해되고 있다(임병필, 2018, 47-48쪽).

둘째, 이슬람 페미니스트인 파즐루르 라흐만(1919-1988)은 이 구절이 계시될 당시의 잦은 전쟁으로 인해[13] 고아가 많이 발생하였던 역사적 상황 속에서 임시방편적으로 허용된 법적 조치라고 주장한다. 이 구절의 정확한 의미는 보호의 책임을 맡은 자(후견인)가 고아가 된 여성의 재산을 정직하게 취급하지 않았기 때문에 그 대안으로 고아가 된 여성과 최대 4명까지 결혼할 수 있지만 그녀들을 공평하게 대할 수 있을 경우로만 한정한다는 것이다. 아스마 바를라스 또한 이 구절

---

13 이슬람 초기에 메카 우상숭배자들과 메디나 무슬림 간에는 여러 차례의 전투가 벌어졌다. 624년의 바드르 전투에서는 무슬림 군대가 대승을 거두지만, 625년의 우후드 전투에서는 대패하고 사도 무함마드도 부상을 당했다. 627년의 한닥(도랑) 전투에서는 메디나 무슬림이 메카 군대를 물리치고 협상의 주도권을 장악했다. 629년에는 카이바르에서 유대 부족과 대규모 전투가 벌어지기도 했다.

인간은 알라에게 복종하고 알라를 경외하며 알라 앞에 평등한 피조물에 불과하다. 알라와 인간 사이에는 어떤 중간자도 둘 수 없다. 신자는 모두 똑같다. 모든 인간은, 나와 타인 및 남성과 여성을 불문하고, 알라의 본질, 알라의 위엄에 절대 복종해야 하는 동등한 위치에 있는 것이다. 사진: 모스크 첨탑에 쓰인 타우히드(튀니지 까이라완)

은 오직 전쟁고아들을 돌보기 위한 목적에서만 허용된 것이며, 모든 시대와 장소에서 일부사처제를 허용하는 것은 시대적 맥락을 전혀 고려하지 않은 잘못된 해석이라고 말한다(김정명, 2015, 92쪽).

2) 베일 착용

여성의 베일 착용과 직접 관련된 코란 구절들은 다음과 같다.

○아담의 자손들이여, 알라는 너희에게 음부를 감추고 치장을 위해 의복을 내려 주었다. 깊은 신앙심의 의복이 최고다. 그것이 알라의 징표들 중 하나다. 그들은 훈계를 할 것이다. 아담의 자손들이여, 의복을 벗기고 음부를 드러내게 하여 너희의 선조를 천국에서 내쫓았듯 사탄이 너희를 유혹하지 못하게 하라. 그와 그의 부족은 너희가 보지 못하는 곳으로부터 너희를 보고 있다. 우리는 사탄을 믿지 않는 이들을 친구로 만들었다.(제7장 26-27절)

○아담의 자손들이여, 너희가 예배하는 모든 시간과 장소에 착용하라. 먹고 마셔라. 그러나 낭비하지 말라. 알라는 낭비하는 이들을 사랑하지 않는다. 말하라, 종들을 위하여 창조한 알라의 아름답고 깨끗한 양식을 누가 금지하느냐. 말하라, 이것은 현세에 살며 믿음을 가진 이들, 특히 심판의 날 그들을 위한 것이다.(제7장 31-32절)

○알라가 한 마을을 멸망시키길 원했을 때 호의호식하는 사람들에게

명령했다. 그러나 그곳에 있는 그들은 옳지 않은 길로 들어갔다. 알라의 말이 그곳에 확고해졌고, 우리는 그곳을 철저히 파괴했다. (제17장 16절)

○ 믿는 남성들에게 말하라, 시선을 아래로 낮추고, 음부를 보호하라. 그것이 너희에게 더 순결한 것이다. 알라는 너희가 행하는 것을 잘 알고 있다. 믿는 여성들에게 말하라, 시선을 아래로 낮추고, 음부를 보호하며, 밖으로 드러나는 것 외에는 치장을 드러내지 말라. 가슴 위에 덮개를 착용하여 남편, 자신의 아버지, 남편의 아버지, 자신의 자식, 남편의 자식, 남자형제, 남자형제의 자식, 여자형제의 자식, 여성 무슬림, 그녀의 오른손이 소유하고 있는 노예 여성, 성욕이 없는 노예 남성, 여성의 부끄러운 곳을 알지 못하는 아이 외에는 치장을 드러내지 말라. 감추어진 치장이 알려지도록 발걸음을 세게 내딛지 말라. 믿는 이들이여, 모두 알라에게 회개하라. 너희는 축복을 받을 것이다. (제24장 30-31절)

○ 예언자여, 너의 아내들과 딸들과 믿는 여성들에게 외투(질밥)를 착용하라고 말하라. 그것이 그녀들이 인식되는 것을 최소화하는 것이고, 그녀들이 괴롭힘 당하지 않게 하는 것이다. (제33장 59절)

○ 알라는 낭비를 일삼는 사람들이 "당신이 보냈던 것을 부정한다."고 말하지 않았다면 경고자(예언자)를 마을에 보내지 않았다. (제34장 34절)

○ 지나간 것에 슬퍼하지 아니 하고 너희에게 온 것에 기뻐하지 말라.

알라는 거만하고 오만한 모든 이를 좋아하지 않는다.(제57장 23절)

베일 착용에 관한 이상의 코란 구절들은 부끄러운 곳과 유혹하는 곳을 감춘다는 기본 원칙과 치장은 허용하지만 낭비나 오만스런 의복은 피해야 한다는 원칙으로 구분해 볼 수 있다. 코란은 가족 구성원이나 어린아이들 앞에서 외에는 음부와 유혹하는 부분을 가리는 옷을 입을 것을 요구하며, 치장하는 것은 허용하지만 사치스럽고 오만스런 의복과 장신구를 착용하거나 낭비하는 것은 금지하고 있다(임병필, 2016, 80쪽).

이상의 코란 구절들 중 논쟁이 되는 것은 제24장 30-31절과 제33장 59절이다.

첫째, 샤리아는 제24장 30-31절을 통해 무슬림 여성에게 음부와 치장을 감추는 정숙한 의복을 착용할 뿐만 아니라, 시선을 아래로 낮추며, 결혼이 금지된 마흐람 외의 사람들 앞에서는 덮개로 가슴을 가리고, 치장이 드러나지 않도록 발걸음조차도 조심할 것을 명령한다. 제33장 59절을 통해서는 무슬림 여성이 외출 시 외투를 착용함으로써 자신의 모습이 드러나 괴롭힘을 당하지 않도록 할 것을 명령하고 있다(임병필, 2018, 64쪽).

둘째, 이슬람 페미니스트들은 상기 구절들 역시 특정 시대의 특정 상황과 관련한 특수한 명령이 보편 원리인 것처럼 둔갑된 대표적인 사례라고 지적한다. 아미나 와두드(1952-)는 코란이 말하고자 하는 보편 원리는 정숙함에 관한 것이지, 7세기 아랍인들이 입었던 특정한 의복과 관련된 것은 아니라고 강조한다. 아스마 바를라스는 계시가 내려질 당시 아랍사회에서 비무슬림 남성들이 무슬림 여성을 희롱하는 경우가 잦았고, 따라서 무슬림 여성이 성적 희롱의 대상이 되지 않도록 보호하려는 것이 이 계시의 의도라고 보았다. 그들은 이 구절들의 의도된 보편 원리가 여성의 보호이며, 이를 실현하기 위한 수단이 베일의 착용이었다고 주장한다(김정명, 2015, 96-97쪽).[14]

3) 상속

상속과 직접 관련된 코란 구절들은 다음과 같다.

○알라는 너희에게 너희의 자식들에 대해 명령한다. 아들에게는 딸 2명의 몫이 있다. 2명 이상의 딸만 있는 경우 그녀들에게는 그가 남긴 것의 3분의 2가 있고, 1명의 딸이 있다면 그녀에게 절반이 있다. 그에게 자식이 있는 경우 부모 각각에게는 그가 남긴 것의 6분의 1이 있다. 그에게 자식이 없다면 그의 부모가 상속을 받으며, 그의 어머니에게는

---

14 이슬람 페미니즘은 베일을 이슬람 여성의 정체성이자 서구에 저항하는 담론으로 인정하고 있다. 그들은 전통주의 사고 자체가 서구 여성과의 차이를 조성하고 독자적인 정체성을 구성한다고 전제한다(오은경, 2015, 159쪽).

3분의 1이 있다. 그에게 형제가 있다면 그의 어머니에게는 유산과 부채를 지불하고 난 뒤 6분의 1이 있다. 너희는 부모와 자식 가운데 누가 더 너희에게 도움이 되는지를 알지 못한다. 이는 알라로부터 온 종교적 의무이다. 알라는 모든 것을 알고 있고 매우 현명하다.(제4장 11절)

○아내에게 자식이 없는 경우 너희에게는 그녀가 남긴 것의 절반이 있다. 그녀에게 자식이 있는 경우 너희에게는 유산과 부채를 지불하고 난 뒤 그녀가 남긴 것의 4분의 1이 있다. 남편에게 자식이 없는 경우 아내에게는 너희가 남긴 것의 4분의 1이 있고, 너희에게 자식이 있는 경우 그녀에게는 유산과 부채를 지불하고 난 뒤 너희가 남긴 것의 8분의 1이 있다. 형제자매에게 상속을 받은 남성과 여성은, 1명의 형제나 1명의 자매가 있는 경우 두 사람 각각에게 6분의 1이 있다. 형제자매가 1명 이상일 경우 그들 각각에게는 아무런 편견 없이 상속과 부채를 지불하고 난 뒤 6분의 1이 있다. 이는 알라로부터 온 종교적 의무이다. 알라는 모든 것을 알고 있고 매우 현명하다.(제4장 12절)

○우리(알라)는 각자와 너희의 오른손이 계약한 사람들을 부모와 친척들이 남긴 것에 대한 상속자로 만들었다. 그들에게 몫을 주어라. 알라가 모든 것을 지켜보고 있다.(제4장 33절)

○그들이 너에게 법적 견해(파트와)를 구했다. 알라가 너희에게 칼랄

라[15]에 대해 제시한 법적 견해를 말하라. 한 남성이 사망하였는데 자식도 부모도 없고 1명의 자매만 있는 경우 그녀에게는 그가 남긴 것의 절반이 있다. 어떤 여자가 사망하였는데 그녀에게 자식이 없는 경우 그녀의 형제가 상속을 받으며, 그녀에게 2명의 자매가 있는 경우 그녀들에게는 그녀가 남긴 것의 3분의 2가 있다. 여러 명의 형제자매들이 있는 경우 남자에게는 여자 2명의 몫이 있다. 알라는 너희가 방황하지 않도록 규범을 정하였다. 알라는 전지전능하다.(제4장 176절)

이상의 코란 구절들 중 논쟁이 되는 것은 제4장 11절, 12절, 176절이다.

첫째, 샤리아는 이상의 코란 구절들을 통해 남성 1명의 몫이 여성 2명의 몫이라는 상속의 대원칙을 제시하였다. 다수의 이슬람 학자들은 남편에게는 아내를 부양해야 하는 의무가 있고, 아내는 혼인 시 남편으로부터 마흐르를 받을 권리가 있다는 점을 들어 이상과 같은 상속의 몫이 공정하다고 주장한다. 여성은 남편에게 마흐르와 생계비를 받으니 상속에서는 적게 받는다는 것이다(조희선, 1995, 49쪽).

둘째, 이슬람 페미니스트들은 이상의 코란 구절에 여성이 딸, 아내, 어머니, 자매로서 상속받는 것이 알라의 명령으로 분명하게 언급되어

---

15 주요 상속자가 없이 사망한 사람의 형제자매.

있다는 점에 주목할 필요가 있다고 보았다.[16] 남성의 몫이 여성의 두 배라고 하지만, 고인에게 자식이 있는 경우 부모 모두 똑같이 유산의 6분의 1을 상속한다거나, 고인에게 자식이나 부모가 없고 1명의 형제와 1명의 자매가 있는 경우 각각에게 똑같이 6분의 1씩을 상속한다(조희선, 1995, 49쪽).

한편 파티마 메르니시는 코란 제4장 11절이 계시될 당시의 시대적 상황을 역사적으로 파악하는 것이 중요하다고 보았다. 그녀는 이슬람 초기 여성이 상속권을 보장받았다[17]는 것이 이 구절의 핵심이라고 강조한다. 이슬람 이전 시기의 여성은 낙타나 야자수 나무처럼 상속 대상에 포함되는 물건으로 취급을 받았으나, 이슬람 도래 이후에는 상속의 주체가 되었다. 여성이 상속받을 수 있는 재산은 남성과 동등하지 않았지만, 이슬람 이전 시대 여성이 아무런 상속권을 주장하지 못했던 것과 비교하면 획기적인 발전이었던 것이다. 파티마 메르니시는 이 같은 변화야말로 진정한 이슬람의 성평등 정신을 보여주는 것이라고 강조한다(김정명, 2015, 94-95쪽).

---

16 코란에는 정해진 몫을 받는 상속자를 12부류로 분류하고 있고, 이 중 8부류는 여성이고 4부류는 남성이다. 8부류의 여성들은 딸, 아들의 딸, 어머니, 할머니, (남자형제가 없는) 친자매, (남자형제가 없는) 이복자매, 비속과 존속 상속자가 없을 때의 동복자매, 아내이다.

17 누군가가 자식, 여성, 친척의 상속권을 박탈하는 것은 하람이다. 상속은 알라가 지식과 공정성과 지혜로 정해 놓은 제도이다. 이 제도에 근거하여 상속받을 권리가 있는 사람은 상속을 받아야 한다(유스프 알까르다위, 2012, 266쪽).

3. 가부장제에 대한 대응과 극복 논리

이슬람 페미니스트들과 다수의 이슬람 학자들은 창조주 유일신 알라 외의 모든 인간은 평등하다는 타우히드 패러다임과 남성과 여성은 상호 호혜적이라는 관행을 믿고 실천하는 무아와다 시스템을 통해 이슬람은 가부장적이라는 인식체계를 극복할 수 있다고 주장한다.

1) 타우히드 패러다임

타우히드는 이슬람의 가장 중요한 사상으로, 알라 외에 신은 없고 알라는 한 분이라는 알라의 유일성과 일체성을 가리키는 말이다. 패러다임이 한 시대 사람들의 견해나 사고를 근본적으로 규정하고 있는 인식체계라고 볼 때, 타우히드 패러다임은 모든 무슬림이 우주의 유일한 주권자는 알라이고 인간은 지구의 대리인이라는 것을 믿으며 알라의 명령을 실천하는 인식체계를 의미한다고 할 수 있다.

타우히드와 관련된 코란 구절들은 다음과 같다.

ㅇ너희의 신은 한 분이고 알라 외에 신은 없으며, 그분은 자비롭고 자애로운 분이다. (제2장 163절)

ㅇ알라 외에 신은 없고, 그분은 살아 있으며, 모든 것을 주관한다. 졸음도 잠도 그분을 엄습하지 못한다. 천지의 모든 것이 그분의 것이다. 어

느 누가 그분의 허락 없이 알라와 함께 중재할 수 있나? 그분은 그들의 손 사이에 있는 것과 그들의 뒤에 있는 것을 알고 있지만, 그들은 그분이 원하는 것을 제외하곤 알고 있는 것을 이해하지 못한다. 그분의 옥좌는 하늘과 땅을 포용하지만, 그 둘을 보호하는 데 지치지 않는다. 알라는 가장 지고하고 가장 위대하다.(제2장 255절)

○알라가 셋 중 세 번째라고 말하는 그들은 불신자들이다. 한 분인 알라 외에는 신이 없다. 그들이 말한 것을 포기하지 않는다면 그들 불신자들에게는 고통스런 형벌이 닥칠 것이다.(제5장 73절)

○그분이 알라이고 너희의 주님이다. 알라 외에 신은 없고, 그분은 만물의 창조주이다. 그분을 경배하라. 그분이 모든 것의 대리인이다. (제6장 102절)

○알라는 어떠한 자식도 두지 않았고, 어떠한 신도 그분과 함께 있지 않다. 각각의 신은 자신이 창조한 것을 빼앗아 갈 것이고 서로 대적했을 것이다. 그들이 묘사한 것을 넘어 알라 홀로 영광 받으십시오.(제23장 91절)

○진리의 왕인 알라를 찬양하라. 알라 외에 신은 없고, 그분은 옥좌의 주인이다.(제23장 116절)

○알라와 더불어 다른 신의 도움을 기원하지 말라. 알라 외에 신은 없고, 그분의 얼굴을 제외한 만물은 멸망하며, 심판은 그분에게 있다. 너희는 그분에게 돌아갈 것이다.(제28장 88절)

o 사람들이여, 너희에 대한 알라의 축복을 기억하라. 알라 외에 하늘과 땅으로부터 너희에게 양식을 주는 다른 창조주가 있느냐? 알라 외에 신은 없다. 너희는 어디서 방황하느냐?(제35장 3절)

o 알라는 하나의 영혼으로부터 너희를 창조하였고, 그 영혼으로부터 짝(배우자)을 만들었으며, 너희에게 8마리 자웅의 가축을 내려 주었다. 그분은 너희 어머니의 자궁에서 세 겹의 어둠 속에서 너희를 차례로 창조하였다. 그분이 알라이고 너희의 주님이다. 그분에게 주권이 있다. 알라 외에 신은 없다. 너희는 어디서 등을 돌리는가.(제39장 6절)

o 알라는 단 한 분이고 모든 것을 포용한다. 그분은 낳지도 태어나지도 않았고, 어느 누구도 그분과 대등하지 않다.(제112장 1-4절)

코란에 알라의 유일성(타우히드)을 언급하는 구절들은 모두 49개이지만[18] 10개 구절만을 제시하였다. 이슬람 페미니스트인 아미나 와두드는 타우히드 관련 코란 구절들을 통해 유일신 알라가 천지를 창조했고, 알라가 가장 위대하며, 알라 외에 모든 인간은 성별, 민족(혈통), 피부색에 관계없이 평등하고 균등하며, 파트너로서 상호 호혜적으로 협력하는 관계라는 불변의 계시를 발견할 수 있다고 주장한다(Amina

---

18 그 외에 3:2, 3:6, 3:18, 4:87, 6:106, 7:158, 9:31, 9:129, 10:90, 11:14, 11:50, 11:61, 11:84, 13:30, 16:2, 17:42, 20:8, 20:14, 20:98, 21:25, 21:87, 23:23, 23:32, 27:26, 28:70, 37:4, 37:5, 37:35, 38:65, 40:3, 40:62, 40:65, 43:84, 44:8, 47:19, 59:22, 59:23, 63:13, 73:9의 코란 구절들에서 알라의 유일성(타우히드)을 언급하고 있다.

Wadud, 2012, p.107-109).

알라는 유일한 존재자, 절대자, 만유의 주, 만물의 보양자, 가장 자비롭고 자애로운 분, 최후 심판일의 주재자, 전지전능한 분이다. 인간은 알라에게 복종하고 알라를 경외하며 알라 앞에 평등한 피조물이다. 알라와 인간 사이에는 어떠한 중간자도 있을 수 없다. 신자는 모두 똑같다. 모든 인간은, 나와 타인 그리고 남성과 여성을 불문하고, 알라의 본질과 알라의 위엄에 절대 복종해야 하는 동등한 위치에 있는 것이다(손주영, 1997, 39-40쪽).

〈표1〉 타우히드 사상

코란에는 남녀평등을 언급하는 여러 개의 구절이 있다.[19]

---

19 이 외에도 코란 제2장 187절("그녀들은 너희를 위한 의복이요, 너희는 그녀들을 위한 의복이다."), 제9장 71절("남녀 신앙인들은 서로의 보호자이다.")에서 남성과 여성이 권리, 의무, 책임, 처벌에 있어서 평등함을 언급하고 있으며, 결정과 생활과 경제에 있어서 독립적인 존재임을 밝히고 있다. 코란 제30장 21절("너희를 위해 너희로부터 배우자를 창조하였고, 너희가 그녀들을 신뢰하여 서로에게 사랑과 연민을 갖게 만든 것은 그분의 예증이다.")을 통해서는 여성이 가족을 주도하는 역할을 하고, 가족의 운영에 남편과 함께 동참

○그들의 주께서 그들에게 대답하길, 나는 남성이든 여성이든 너희 가운데 어느 노동자의 일을 무시하지 않을 것이다. 너희는 모두 같다. 집을 떠난 이, 집에서 쫓겨난 이, 나의 길에서 고통을 당하고 싸우며 살해된 이, 나는 알라로부터 온 보상으로 그들의 악행을 용서하여 아래로 강이 흐르는 천국에 들어가게 할 것이다. 가장 좋은 보상은 알라에게 있다.(제3장 195절)

○남성이든 여성이든 올바른 일을 한 사람은 믿는 이들이며, 그들은 천국에 들어가 대추야자에 난 점만큼의 불의도 당하지 않을 것이다. (제4장 124절)

○남성이든 여성이든 올바른 일을 한 사람은 믿는 이들이며, 우리(알라)는 그들을 멋진 삶으로 소생시키고 그들이 행했던 가장 좋은 것으로 보상할 것이다.(제16장 97절)

○무슬림 남성과 무슬림 여성, 믿는 남성들과 믿는 여성들, 복종하는 남성들과 복종하는 여성들, 진실한 남성들과 진실한 여성들, 인내하는 남성들과 인내하는 여성들, 겸손한 남성들과 겸손한 여성들, 자선을 베푸는 남성들과 자선을 베푸는 여성들, 단식을 하는 남성들과 단식을 하는 여성들, 정절을 지키는 남성들과 정절을 지키는 여성들, 알라를

하는 존재임을 분명히 언급하였다. 하디스에도 "여성은 남성의 자매들, 그들은 여성에게 관심을 가졌다, 알라가 여성들을 보호한다."와 같이 여성과 남성의 평등함을 알 수 있는 내용들이 다수 있다.

많이 기억하는 남성들과 알라를 많이 기억하는 여성들, 알라는 그들에게 용서와 큰 보상을 준비하였다.(제33장 35절)

○악한 행동을 한 이는 행한 대로 대가를 받을 것이다. 남성이든 여성이든 올바른 일을 한 이는 믿는 이들이며, 그들은 천국에 들어가 계산하지 않고 양식을 제공받을 것이다.(제40장 40절)

코란은 남성과 여성이 기본적 권리에서 동등하며, 스스로 한 행동에 대한 보상에서도 동등하다고 언급한다. 선행은 그 행위자가 남성이든 여성이든 똑같은 보상을 받게 될 것이며, 천국의 축복도 남녀에게 똑같이 적용된다고 반복해 언급한다(조희선, 2015, 29-30쪽).

이슬람 페미니스트들은 코란 제4장 1절과 제36장 36절이 여성과 남성이 존재론적으로 동등한 인격체임을 확증하는 계시라고 주장한다.

○사람들이여, 하나의 영혼에서 너희를 창조하고 그 영혼에서 짝(배우자)을 창조하였으며, 그 둘로부터 많은 남성들과 여성들을 번성시킨 너희의 주님을 경외하라. 너희가 (상호 권리를) 요구하는 알라와 (너희를 낳아 준) 자궁을 경외하라. 알라가 너희를 지켜보고 있다.(제4장 1절)

○땅이 키우거나, 스스로로부터나, 자신들도 알지 못하는 것으로부터 나오는 모든 짝들을 창조한 알라를 찬양하라.(제36장 36절)

인간의 창조와 관련된 계시에 대해 고전 주석가들과 이슬람 페미니스트들은 서로 다른 해석을 내놓는다. 중세의 저명한 코란 주석가인 무함마드 이븐 자리르 알따바리(839-923)는 코란에 언급된 아담의 배우자를 하와로 해석하였다. 아담은 영혼에서 창조되었으나 하와는 아담의 갈비뼈에서 창조되었다고 해석함으로써 코란의 창조 이야기를 그리스도교의 창조 이야기와 비슷하게 설명한다. 이에 대해 근대 개혁주의자인 무함마드 압두흐(1849-1905)는 아담의 갈비뼈에서 하와가 창조되었다는 근거는 코란 텍스트에 없으며, 이는 신뢰할 수 없는 외래의 문헌에 따른 해석이라고 보았다. 시아파 학자인 무함마드 후사인 알따바따바이(1903-1981) 또한 여성이 남성으로부터 창조되었다는 갈비뼈 신화를 부정하면서, 무함마드 압두흐와 마찬가지로 남녀가 영혼으로부터 창조되었다고 강조하였다.

이슬람 페미니스트인 아미나 와두드 역시 남녀의 공동 창조와, 남성과 여성 모두는 유일신 알라로부터 동등한 배려와 가능성을 부여받았다고 주장한다(Amina Wadud, 2012, pp.96-97). 아스마 바를라스는 코란 제36장 36절 외의 다수 구절(제6장 98절, 제7장 189절, 제16장 72절, 제30장 21절, 제49장 13절, 제50장 7절, 제51장 49절, 제53장 45절, 제75장 39절, 제78장 8절)이 여성과 남성이 하나의 영혼으로부터 기원했음을 반복적으로 암시하고 있다고 주장하며, 이는 남녀가 평등한 한 쌍이라는 것을 의미한다고 강조하였다(김정명, 2015, 86쪽).

2) 무아와다 시스템

무아와다는 보답, 보상이란 뜻이며, 다양한 종교와 문화 그리고 철학에서 발견되는 기초적이고 도덕적인 가치인 상호 호혜성 (reciprocity)을 의미한다. 상호 호혜성은 공정하게 대접받을 권리와 타인을 공정하게 대할 책임을 명백히 표현하는 보편적이고 윤리적인 원칙이다. 이슬람 또한 상호 이해와 상호 지지의 호혜성 윤리를 강조하고 있다(Amina Wadud, 2012, p.102).

무아와다 시스템을 토대로 한 이슬람공동체(움마) 내에서 남성이 여성보다, 내가 타인보다 우월하다는 이스티크바르 인식체계는 가부장적일 뿐만 아니라 타우히드 개념을 부정하는 불신자(카피르)나 우상숭배 및 다신론 사상(시르크)이다. 알라가 가장 위대하며 알라 외 모든 인간은 평등하다는 타우히드 패러다임과, 남성과 여성은 상호 호혜적인 존재라는 무아와다 시스템하에서 남성이 여성보다 우월하다는 수직적인 관계는 존재할 수 없다(Amina Wadud, 2012, p.109).

〈표2〉 이스티크바르 인식체계

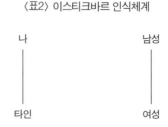

이스티크바르 인식체계는 가부장제를 포함하여 모든 억압적인 관행과 시스템의 바탕이 되어 왔다. 이러한 관행은 남성이 하는 것은 무엇이든 괜찮고 여성이 하는 것보다 더 낫다는 인식으로부터 비롯되었다. 가부장적 논리가 지속되면서 어떤 경우에는 남성이 여성보다 더 낮고, 어떤 경우에는 여성이 남성보다 더 낮다는 수직적 인식체계를 구축해왔다. 이로 인해 남성과 여성은 언제나 분리되었고, 상호 호혜적인 수평적 관계를 맺지 못했다. 특히 남성이 여성보다 더 우월하다는 인식은 여성을 종속적인 지위로 강등시켰다. 많은 사람들이 남성 우월주의 사상을 수용하고 창조, 현세, 내세에서의 평등(동등)함을 무시하게 됨으로써 이스티크바르가 하나의 인식체계로 고착되었다. 이슬람의 오랜 역사 속에 남성에게 적용되는 행동 규범과 여성에게 적용되는 행동 규범이 별도로 자리잡게 된 것이다.

불평등의 관행 및 사회 시스템을 바로잡기 위해서는 창조, 사고와 행동 방식, 심판에서 남녀가 평등하다는 인식체계를 재구성해야 하며, 그것이 바로 상호 호혜성의 무아와다 원칙을 이슬람사회의 시스템으로 구축하는 길이다. 무아와다 시스템은 남성과 여성이 사적·공적 영역에서 서로에게 믿을 만한 파트너[20]라는 것을 확신하게 만들

---

20 남성과 여성은 완전히 똑같지 않으며, 알라는 그들을 파트너로 창조했다("우리는 모든 것에 쌍을 창조했다. 너희는 충고할 수 있을 것이다." 코란 제51장 49절). 남성과 여성은 생물학적으로나 신체적으로 똑같지 않지만, 서로에게 보완적인 존재이다. 사도 무함마드는 '여성은 남성의 반쪽'이라고 말했다(Cengiz KOC, 2016, p.184).

어 각자의 업무 능률을 촉진시킬 것이다. 또한 무아와다 시스템은 남녀 모두를 젠더룰의 족쇄로부터 벗어나게 해 더욱 자유롭고 긍정적인 역할을 모색하게 만들 것이다(Amina Wadud, 2012, pp.103-104).

4. 코란은 성평등의 시각에서 재해석되어야

가부장제나 가부장적 인식은 이슬람만의 문제가 아니라 전 지구적인 현상이지만, 일부사처제, 여성의 베일 착용, 상속 시의 남녀 불균등에 관한 샤리아 규범이 강조되면서 이슬람은 가부장적이라는 인식이 우리에게 강하게 다가오고 있다. 이슬람세계 내부에서는 모든 분야의 성평등을 확보하려는 노력이 이슬람 페미니스트를 중심으로 진행되어 왔다. 그들은 이슬람에 드리워진 여성 혐오와 차별의 주요 원인이 무슬림의 인식 체계에 절대적인 영향을 끼치는 계시 문서(코란, 하디스)를 가부장적 사고를 가진 남성 학자들이 수집·기록·해석하였기 때문이라고 분석하였다. 이에 이슬람 페미니즘은 계시 문서를 남성의 시각이 아니라 성평등의 시각 또는 여성의 시각으로 재해석함으로써 이슬람 사회를 재구성할 것을 요구한다.

이슬람 페미니스트들은 코란에서 가부장적 인식체계를 극복할 수 있는 구절을 탐색하였다. 그들은 알라가 가장 위대하며 유일신 알라 외에 모든 피조물은 평등하다는 타우히드 사상과, 남성과 여성은 수

평적인 상호 호혜적 관계라는 무아와다 개념을 뒷받침해 주는 다수의 코란 구절을 발견하였다. 그들은 코란에 분명하게 계시된 타우히드와 무아와다 사상을 적극적으로 발굴하고 홍보함으로써 무슬림의 성 불평등 인식 체계를 바로잡을 수 있다고 보았다.

여성의 참여를 통한 계시 문서의 재해석, 알라 외 모든 인간은 평등하다는 타우히드 패러다임의 정착, 남녀 간의 상호 호혜적 파트너 의식을 실천하는 무아와다 시스템의 구축을 통해 성평등을 이룰 수 있다는 이슬람 페미니즘의 주장은 상당히 설득력이 있다. 그럼에도 불구하고 이슬람 페미니즘의 성평등 운동이 보편적 운동으로 자리 잡기 위해서는 지지층의 확대와 법률 및 정책을 통한 제도적 확립이 뒷받침되어야 한다.[21]

한편 '이슬람과 페미니즘, 샤리아와 페미니즘은 양립할 수 있는가?', '이슬람 페미니즘은 페미니즘의 브랜드를 갖고 있는가 아니면 이슬람의 브랜드를 갖고 있는가?' 하는 문제는 진지한 고민과 논의가 필요해 보인다.[22]

---

21 이슬람권 국가들 중 기니, 보스니아, 아제르바이잔, 알바니아, 터키, 튀니지가 일부다처제를 법으로 금지하고 있다. 터키는 2001년 12월에 발효된 최신 개정 가족법에서 일부일처제 명시, 호주제 폐지, 부부에게 동등한 이혼권 부여, 평등한 재산권 보장 등을 통해 남녀평등권을 최대한 보장하였다(김대성, 2004, 28쪽).
22 하이다 모기시는 '젠더적 위계질서에 근간을 둔 종교가 어떻게 젠더 민주주의와 양성평등을 위한 투쟁의 구조를 채택할 수 있겠는가?'라는 질문을 던진다. 그녀는 샤리아의 원리가 지속되어야 한다면 여성의 지위는 더 이상 개선될 수 없고, 샤리아는 인간평등의 원칙과 양립할 수 없다고 주장한다(하이다 모기시, 2009, p.222, p.247, p.255).

지하드*
—지하드는 알라를 위한 모든 노력이다

* 이 글은 『한국이슬람학회논총』 제29-3집(2019)에 「코란과 하디스에 언급된 지하드의 의미」라는 제목으로 게재된 글을 수정·보완한 것이다. 아랍어 자료와 참고문헌은 편집의 어려움과 가독성을 고려하여 생략하였다.

1. 지하드의 스펙트럼은 다양

성전인가 테러인가?, 이슬람 정신의 강화인가 선교의 강요인가?, 자살폭탄으로 불리는 테러 행위는 지하드이고 순교인가?, 모든 무슬림은 지하디스트(무자히드)인가?

국내 선행 연구들은[1] 지하드를 다양한 범주로 분류하고, 이를 통해 지하드의 의미를 제시하였다. 작은 지하드(소 지하드)–큰 지하드(대 지하드), 방어적 지하드–공격적 지하드, 평화적 지하드–온건한 지하드

---

[1] 지하드에 대한 국내외 선행 연구는 무수히 많다. 이미 생산된 지하드 관련 연구 성과의 한계와 긍정적인 측면을 언급하는 데는 국내의 연구 성과로도 충분하다고 보고 다음을 참고하였다. 「20세기 지하드의 개념과 성격」(1995), 「이슬람 초기 지하드의 개념과 특성 연구」(1995), 「급진주의 지하드관의 형성과 발전」(2006), 「이슬람 지하드의 의미와 그 현대적 적용」(2007), 「이슬람급진주의와 지하드의 글로벌화」(2010), 「이슬람의 정당한 전쟁 논쟁과 지하드」(2012), 「이슬람 분파별 이해에 따른 지하드 개념의 다면성」(2013), 「이슬람원리주의 IS(이슬람국가) 활동과 사이드 꾸틉의 지하드 이론에 관한 소고」(2015), 「구약성경의 헤렘과 이슬람의 지하드 비교 연구」(2016), 「꾸란을 통해 본 지하드에 대한 역사적 이해」(2017), 「쿠란 속 지하드의 역사적 변천과 활용」(2017), 「터키·유럽의 테러리즘 사례분석: 이슬람 지하드 중심의 접근」(2017). 선행 연구들은 대체로 지하드의 의미 및 성격과 논쟁에 초점을 맞추고, 현대에 나타나는 지하드의 다양한 의미와 특성을 다각도로 연구하였다는 점에서 참고할 만하다. 일부 선행 연구가 지하드를 서구식 개념의 성전(聖戰)으로 해석하는 것은 올바르지 않다는 견해를 분명히 제시하거나 코란과 하디스에 언급된 지하드의 의미를 언급하지만, 관련 구절들을 전체적으로 다루지 못한 한계가 있다.

(말과 펜의 지하드), 혁명적 지하드–급진적 · 공격적 · 혁명적 지하드, 정신적 지하드–육체적 지하드, 내적 지하드–외적 지하드, 개인적 지하드–움마적 지하드, 군사적 지하드, 집단적 지하드–개별적 지하드, 마음의 지하드–혀(말)의 지하드, 칼의 지하드–손의 지하드, 20세기 지하드, 사탄과의 지하드 등.

지하드의 종류와 의미는 시대 상황에 따라, 사회적 · 정치적 · 종교적 상황에 따라, 해석자와 행위자에 따라 다양한 스펙트럼을 보인다. 지하드의 스펙트럼은 목적과 기능의 측면에서도 다양하게 나타난다. 이슬람 내부에서는 이슬람의 강화와 확대, 개종의 수단, 움마의 통합, 종파(순니 · 시아) 간의 주도권 확보, 서방에 대한 증오 표출, 부패한 독재정권에 대한 저항과 해방 운동, 전쟁 동원의 합법성과 당위성 획득을 위해 지하드를 선포한다. 이슬람 외부에서는 '이슬람은 테러'라는 프레임을 씌워 혐오주의(이슬람포비아)를 확산하려는 의도로 지하드를 이용하기도 한다.

이해관계에 따라 지하드의 의미가 다양하게 해석되는 현재의 곤란한 상황을 극복하기 위해서는 다수의 일반 무슬림이 인정하는 지하드의 의미를 살펴볼 필요가 있다. 무슬림의 모든 삶과 사고방식은 이슬람 사회의 총체적인 지침인 샤리아에 의해 안내되고 규정되어 왔다는 것을 생각해 보면, 지하드의 의미 또한 샤리아에서 규정하는 의미를 종합적으로 고찰해서 파악해야 한다. 지하드는 시공간, 해석자와 행위자, 사회적 · 정치적 · 종교적 상황에 따라 의미가 변화하는 것이 아니라, 이 모든 것을 초월하는 신법인 샤리아의 문제이다. 대부분의 선행 연구에서는 일부 코란 구절의 내용으로 지하드의 의미를 단정하는데, 샤리아는 코란만으로 이루어지는 것이 아니다. 최소한 하디스(순나)에서 언급하고 있는 지하드의 의미는 살펴보아야 한다. 순나(하디스)는 다수의 무슬림에 의해 낭송되지 않는 계시로 인식되고 있으며, 이로 인해 샤리아의 제2법원으로서의 권위를 가지기 때문이다.

우선 샤리아의 제1법원인 코란에 언급된 지하드 관련 구절을 전체적으로 정리하고, 각 구절에서 언급하는 지하드의 의미를 살펴보았다. 다음으로 샤리아의 제2법원인 하디스(순나)에 기록된 지하드 관련 장(순니 부카리 하디스, 시아 알카피 하디스)을 분석하여 코란과의 상관관계 속에서 지하드의 의미를 살펴보았다. 이와 같은 과정은 코란의 지하드 관련 일부 구절에 초점을 맞추거나 현대의 지하드 개념을 집중적으로 다루는 선행 연구와의 차별성을 구체적으로 드러냄으로써 해당 주제의 재논의가 유의미함을 증거한다.

2. 코란의 지하드 관련 계시

지하드 관련 주제어(지하드, 자하다, 무자히드)를 코란 웹사이트에 입력하여 해당 구절을 검색하고 우리말로 정리하였다.

○믿음을 가진 이들, 히즈라²를 하고 알라의 길에서 지하드한 이들은 알라의 은혜를 갈구하는 이들이다. 알라는 관용과 은혜로 충만하다.(제2장 218절)

○너희가 천국에 들어갈 것이라 생각하느냐. 알라는 너희 가운데 지하드하는 이들과 인내하는 이들을 알고 있다.(제3장 142절)

○믿는 이들 중 아무런 손해도 입지 않고 물러나 앉아 있는 이들과 재산과 스스로를 바쳐 알라의 길에 있는 무자히드들과는 동등하지 않다. 알라는 재산과 스스로를 바치는 무자히드들을 일정하게 물러나 앉아 있는 이들보다 더 좋아한다. 알라는 두 부류 모두에게 최고의 보상을 약속하였다. 알라는 물러나 앉아 있는 이들보다 무자히드들을 큰 보상으로 좋아한다.(제4장 95절)

○믿음을 가진 이들이여, 알라를 두려워하고 그분께 가는 방법을 소망하며 알라의 길에서 지하드하라. 너희가 번성할 것이다.(제5장 35절)

○믿음을 가진 이들이여, 너희 가운데 종교를 포기한 자가 있다면, 알라가 그들을 사랑하고 그들이 알라를 사랑하며 믿는 이에게 겸손하고 불신자(카피르)에게는 단호하며 알라의 길에서 지하드하고 어떤 이의 비방도 두려워하지 않는 사람들을 데려오실 것이다. 그것이 바로 알라

---

2 사도 무함마드가 622년에 메카 우상숭배자들의 박해를 피해 무슬림들과 함께 메디나로 이주한 사건이다. 622년은 메카에서 이주한 무하지룬들과 이들에게 도움을 준 메디나의 안싸르들을 통합하여 무슬림공동체(움마)를 결성한 해로서 진정한 이슬람의 출발로 여겨지며, 이슬람은 이 해를 이슬람력(히즈라력)의 원년으로 삼았다. 히즈라는 이주라는 뜻이다.

가 원하는 이들에게 주는 알라의 은혜이다. 알라는 전지전능하다.(제5
장 54절)

○믿음을 가지고 히즈라하여 재산과 스스로를 바쳐 알라의 길에서 지
하드하는 이들(무하지룬)과 피난처를 제공해 주고 도움을 준 이들(안싸
르)은 서로의 보호자이다. 믿음을 가지고 있지만 히즈라를 하지 않았
던 이들이 히즈라할 때까지는 너희가 보호할 필요가 없다. 그들이 너
희에게 종교에 있어서 도움을 요청하였다면 도움을 주어야만 한다. 너
희와 그들 사이에 계약이 있는 사람들(딤미[3])은 제외이다. 알라는 너희
가 하는 일을 지켜본다.(제8장 72절)

○믿음을 가지고 히즈라하여 알라의 길에서 지하드하는 이들과 피난
처를 제공해 주고 도움을 준 이들은 진실로 믿는 이들이다. 그들에게
는 용서와 관대한 양식이 있다.(제8장 74절)

○이후에 믿음을 가지고 히즈라하여 너희와 함께 지하드하는 이들은
너희의 일원이다. 그들의 일부 친척들은 알라의 책에 있는 일부보다
더 우선한다. 알라는 전지전능하다.(제8장 75절)

○알라가 너희 중에 지하드하는 사람들과 알라와 그의 사도와 믿는 이

---

3 딤미는 그리스도교도, 유대교도, 조로아스터교도를 포함하며, 그들의 지위는 무슬림공동
체와 체결되는 딤마(협약)에 의해 결정되었다. 그들은 무슬림의 보호를 받는 대신 종교적
자유와 인두세(지즈야)를 내야 했고, 의복에 특별한 표시를 하거나, 탈 수 있는 동물에 제
한을 받았으며, 무기를 소지할 수 없었고, 자신들의 종교의식에서 소음을 삼가야 했으며,
건물의 신축에 제한을 받았고, 공중목욕탕에서 목욕하는 것을 제한받는 등 사회적·법적
금지조치와 차별을 받았다(황병하, 2007, 52쪽).

들을 가까운 친구로 택하는 사람을 모른 채 외면하리라 생각하느냐. 알라는 너희가 하는 일을 잘 알고 있다.(제9장 16절)

○너희는 순례자에게 물을 주고 하람성원을 관리하는 것이 알라와 최후의 심판일을 믿고 알라의 길에서 지하드하는 사람과 동등하다고 생각하느냐. 알라에게 그들은 동등하지 않다. 알라는 나쁜 일을 하는 사람들을 인도하지 않는다.(제9장 19절)

○믿음을 가지고 히즈라하여 재산과 스스로를 바쳐 알라의 길에서 지하드하는 이들은 알라에게 가장 높은 등급이다. 이들은 승리한 사람들이다.(제9장 20절)

○너희 선조와 너희 후손과 너희 형제와 너희 배우자와 너희 친척과 너희가 획득한 재산과 불경기를 두려워하는 무역과 너희가 만족하는 주거지가 알라와 그의 사도와 알라의 길에서의 지하드보다 더 좋다면, 알라가 명령할 때까지 기다려라. 알라는 불신자들을 인도하지 않는다.(제9장 24절)

○가볍든 무겁든 서둘러 달려나가, 재산과 스스로를 바쳐 알라의 길에서 지하드하라. 너희가 알고 있다면, 그것이 너희에게 축복이다.(제9장 41절)

○알라와 최후의 심판일을 믿는 이들은 재산과 스스로를 바쳐 지하드하는 것을 허락해 달라고 하지 말라. 알라는 주님을 경외하는 이들을 잘 알고 있다.(제9장 44절)

○ 예언자여, 불신자와 위선자에게 지하드하고 그들에게 엄격하라. 그들의 피난처는 지옥이고 나쁜 운명이다.(제9장 73절)

○ 알라의 사도 뒤에 남아 재산과 스스로를 바쳐 알라의 길에서 지하드하는 것을 싫어하는 이들은 기뻐하며 더위 속으로 달려나가지 말라고 말하였다. 그들이 이해하지 못하였다면, 지옥불이 더위보다 더 뜨겁다고 말하라.(제9장 81절)

○ 알라를 믿고 그의 사도와 함께 지하드하라는 코란이 계시되었을 때, 그들 가운데 재산과 명예를 가진 이들은 앉아 있는 이들과 함께 남아 있게 해 달라고 말하였다.(제9장 86절)

○ 사도와 사도를 믿는 이들은 재산과 스스로를 바쳐 지하드하라. 그들에게 축복과 번성이 있을 것이다.(제9장 88절)

○ 주님은 박해를 받은 이후 히즈라하고 지하드하며 인내하는 사람들에게 있다. 너의 주님은 그 이후 관용과 은혜로 충만하다.(제16장 110절)

○ 알라 안에서 알라의 지하드 권리로 지하드하라. 알라는 너희를 선택하고 너희의 종교에 난관이 없도록 하였다. 너희 선조의 밀라는 아브라함이다. 알라는 이전에도 지금도 너희를 무슬림이라 불렀다. 사도는 너희의 증인이 되고 너희는 사람들에게 증인이 되어라. 예배를 보고 자카트를 내며 알라에게 매달려라. 알라는 너희의 보호자이고 은인이고 수호자이다.(제22장 78절)

○ 불신자에게 굴복하지 말라. 그들에게 강력하게 지하드하라.(제25장

52절)

○지하드하는 이는 자신을 위해 지하드하는 것이다. 알라는 피조물을 필요로 하지 않는다.(제29장 6절)

○알라는 알라 안에서 지하드하는 이들을 그분의 길로 인도할 것이다. 알라는 의로운 이들과 함께 있다.(제29장 69절)

○우리(알라)는 너희 중 누가 무자히드인지 인내하는 이들인지 알 수 있을 때까지 시험할 것이고 너희의 소식을 시험할 것이다.(제47장 31절)

○믿음을 가진 이들은 알라와 그의 사도를 믿는 이들이고, 의심하지 않으며, 재산과 스스로를 바쳐 알라의 길에서 지하드하는 이들이다. 그들이 바로 믿을 수 있는 이들이다.(제49장 15절)

○믿음을 가진 이들이여, 나(알라)의 적과 너희의 적을 친선을 제공하는 친구로 삼지 말라. 그들은 알라를 너희의 주로 믿는다 하여 너희에게 온 진리를 불신하고 사도와 너희를 내쫓았다. 너희가 나의 길에서의 지하드를 위해 나아가고 나의 만족을 추구한다면, 그들에게 친선을 몰래 제공하지 말라. 나는 너희가 은닉하는 것과 공표하는 것을 알고 있다. 너희 중 이렇게 행하는 이는 올바른 길을 잃은 이들이다.(제60장 1절)

○알라와 그의 사도를 믿고 재산과 스스로를 바쳐 알라의 길에서 지하드하는 이들에게 너희가 알고 있듯이 축복이 있다.(제61장 11절)

○예언자여, 불신자와 위선자에게 지하드하고 그들에게 엄격하라. 그

들의 피난처는 지옥이고 나쁜 운명이다.(제66장 9절)

코란 웹사이트에 지하드, 자하다(지하드하다), 무자히드를 입력한 결과 30개의 구절이 검색되었다.[4] 이를 주제어별로 정리해 보면 다음 표와 같다.

	지하드(4개)	자하다(24개)	무자히드(2개)
코란 구절	9:24, 22:78, 25:52, 60:1	2:218, 3:142, 5:35, 5:54, 8:72, 8:74, 8:75, 9:16, 9:19, 9:20, 9:41, 9:44, 9:73, 9:81, 9:86, 9:88, 16:110, 22:78, 25:52, 29:6, 29:69, 49:15, 61:11, 66:9	4:95, 47:31

코란 구절을 정리한 결과 지하드를 성전, 자하다를 성전하다, 무자 히드를 무슬림 전사라고 단정적으로 해석하는 것은 바람직하지 않다. 코란 구절에 언급된 지하드는 다양하게 해석될 수 있는 개방성과 모호성이 있다. 코란 속의 지하드는 무슬림 개인과 공동체(움마)를 위해 가치가 있는 목표를 향해 전심전력으로 노력하는 것, 신념 혹은 종

---

4 지하드는 원형동사(자하다)의 동명사형이고, 사전에서는 원형동사(자하다)의 의미를 노력하다, 투쟁하다로 제시한다. 이와 같은 관련성을 고려하여 코란 웹사이트에 자하다 동사를 넣어 검색하였으나, 지하드하다라는 의미로 사용되는 구절은 발견되지 않았다. 한편 제29장 8절과 제31장 15절에 사용된 자하다 동사는 강요하다의 의미로 사용되어 내용을 인용하지 않았다. 코란에서는 3형동사인 자하다를 지하드의 행위를 하는 동사로 사용하고 있다. 이상의 코란 구절들에 나타난 특징 중 하나는 30개의 코란 구절 중 18개의 구절에 언급된 지하드란 낱말이 '알라의 길에서(알라 안에서, 나의 길에서, 알라의 사업을 위해)'라는 구절과 함께 사용되고 있다는 점이다.

교적으로 알라의 길을 걷기 위해 헌신적으로 노력하는 것, 우상이나 악에 맞서 싸우는 것, 이슬람과 움마를 위해 노력하는 것, 불신자들을 개종시키는 것, 이슬람 사회의 도덕적 가치를 실현하기 위해 노력하는 것(서정민, 2017, 5쪽)과 같이 각 구절의 상황(문맥, 역사)에 따라 다양하게 해석될 수 있다.

이상의 코란 구절들을 메카 계시와 메디나 계시[5]로 구분해 보면 다음 표와 같다(부록 참조).

메카 계시	제16장,[6] 제25장, 제29장
메디나 계시	제2장, 제3장, 제4장, 제5장, 제8장, 제9장, 제22장, 제47장, 제49장, 제60장, 제61장, 제66장

한 선행 연구는 지하드의 개념이 메카 시기에 알라의 길을 따르기 위한 내부적·정신적 투쟁의 초기 단계에서 출발하여, 히즈라(622년)에서 바드르 전투(624년) 이전까지 꾸라이시 부족의 공격에 대비한 준

---

5   코란 114개 장 중 메카에서 계시된(610-622) 메카장은 28개 장이고, 메디나에서 계시된(622-632) 메디나장은 86개 장이다. 메카장은 알라의 유일성(타우히드), 무함마드의 예언자성, 최후의 심판 등과 관련된 주제가 주를 이루고 있으며, 메디나장은 혼인, 무역, 재정, 국제관계, 전쟁과 평화 등의 무슬림공동체 관련 주제들이 주를 이루고 있다. 학자에 따라 메카장과 메디나장의 구분이 다른 경우가 있으며, 무함마드 압드 알자브리는 메카장이 90개, 메디나장이 24개라고 주장했다(공일주, 2010, 17-18쪽, 186-191쪽).
6   전체 장은 메카장으로 언급되어 있으나, 제16장 110절은 "히즈라하고 지하드하며…"라는 내용으로 보아서 메디나에서 계시된 것으로 추정된다. 코란은 사도 무함마드의 생애 중 23년 동안 간헐적이고 부분적으로 계시되었으며, 사도가 사망한 뒤 사도와 그의 추종자들이 낭송한 대로 수집되어 여러 장에 흩어져 연대순으로 배열되지 않고 편집되었다(공일주, 2010, 19쪽). 따라서 하나의 장 안에 메카 계시와 메디나 계시가 뒤섞여 있는 장이 다수 있다.

비 단계, 그리고 바드르 전투 이후의 실질적인 군사적 지하드 단계로 발전되었다(황병하a, 2007, 43쪽)고 주장하였다. 이상의 주장을 지하드 관련 코란 구절에 적용해 보면 제16장, 제25장, 제29장에 언급된 지하드는 알라의 길을 따르기 위한 내부적 · 정신적 투쟁인 대 지하드에 해당하고, 그 외의 구절들은 군사적 지하드인 소 지하드에 해당한다고 볼 수 있다. 역사적 맥락만을 고려한다면 타당한 주장이라 할 수 있지만, 해당 구절들의 내용으로 볼 때 다소 무리한 주장으로 보인다.

다수의 선행 연구들이 코란에 사용된 지하드를 성전으로 해석하는 것은 지하드란 낱말이 사용된 관련 코란 구절들을 면밀히 분석한 결과가 아닌 것은 분명하다. 코란의 지하드 관련 구절들로 볼 때 지하드를 성전으로, 무자히드를 무슬림 전사로 해석하는 것은 코란 속의 의미를 지나치게 협소하게 해석하는 것이다.[7] 코란 구절에 사용된 지하드의 의미는 성전을 포함하는 포괄적이고 원론적인 의미, 즉 알라의

---

7 선행 연구들은 다음 구절들을 지하드 관련 코란 구절로 언급한다. 2:190-191, 2:194, 2:216-217, 3:13, 3:157-158, 3:169, 4:74-76, 8:39, 8:65, 9:5, 9:12, 9:13, 9:29, 9:111, 9:123, 22:39, 47:4, 47:20, 48:16. 이상에서 언급된 구절들에는 지하드, 자하다, 무자히드란 낱말들이 발견되지 않으며, 끼탈(까탈라)이란 낱말이 사용되고 있다. 끼탈(까탈라)이 선행 연구들과 코란 번역서(최영길, 1997)에서 성전(성전하다)으로 해석되기도 하는데, 사전상으로 볼 때는 싸움, 살해, 침공(싸우다, 살해하다, 때리다, 침공하다)의 의미이다. 황병하는 초기 지하드는 신의 길에서 가치 있는 목적을 향한 내면적 · 정신적 노력, 분발, 분투의 의미이나, 끼탈은 적극적 행위인 살해나 유혈 투쟁의 육체적 의미가 있다고 지하드와 끼탈의 의미를 구분하였다(황병하c, 2007, 13-14쪽). 그 외에도 선행 연구들에서는 지하드(자하다, 무자히드) 또는 끼탈(까탈라)이란 낱말들이 언급되지 않는 3:170-172, 8:61, 9:81-82, 9:91, 47:4, 48:16를 지하드 관련 구절로 언급하고 있다.

길에서 이슬람과 무슬림공동체 움마를 위해 열심히 노력하고 투쟁하는 모든 행위로 해석하는 것이 타당하다.

3. 하디스의 지하드 관련 순나

1) 부카리 하디스

순니 6서 중 가장 권위 있는 하디스[8]로 알려진 부카리 하디스의 지하드장을 분석하였다. 우선 지하드와 무자히드가 언급된 구절들을 제시하고, 다음으로 199개 표제어를 모두 정리하였다.

첫째, 부카리 하디스의 지하드장에서 지하드와 무자히드란 낱말이 직접 사용된 구절들은 다음과 같다.

○압둘라 빈 마스우드가 전하길, 내가 사도에게 "무엇이 최고의 행동입니까?"라고 물으니, 사도가 "정해진 시간의 예배입니다."라고 대답했다. 내가 "그다음은요?"라고 물으니, 사도는 "부모님에게 순종하는 것입니다."라고 대답했다. 내가 "그다음은요?"라고 물으니, 사도는 "알라의 길에서의 지하드입니다."라고 대답했다. 내가 더 물었으면 더 많이

---

8 Muhammad Muhsin Khan이 번역한 부카리 하디스 제4권(1997)에 수록된 지하드장은 제56장(지하드와 원정)에 해당하며 308개의 구절과 199개의 표제어가 포함되어 있다. 한편 시아 4서 중 하나인 알카피에 수록된 지하드장은 32개의 표제어와 149개의 구절이 포함되어 있다.

다수의 선행 연구들이 코란에 사용된 지하드를 성전으로 해석하
는 것은 지하드란 낱말이 사용된 관련 코란 구절들을 면밀히 분석
한 결과가 아닌 것은 분명하다. 코란의 지하드 관련 구절들로 볼 때
지하드를 성전으로, 무자히드를 무슬림 전사로 해석하는 것은 코란
속의 의미를 지나치게 협소하게 해석하는 것이다. 사진: 살라훗딘
요새와 무함마드 알리 모스크(이집트 카이로)

대답을 해 주었을 텐데, 나는 더 이상 묻지 않았다.(2782)

○이븐 압바스가 전하길, 사도는 (메카) 정복(630년) 후에 히즈라는 없지만, 지하드와 좋은 니야(의도)가 요청되면 즉시 서둘러 하라고 말했다.(2783, 3077)

○아이샤가 전하길, "알라의 사도님! 우리(여성들)는 지하드를 가장 좋은 행동이라고 생각합니다. 우리는 지하드를 하지 않나요?"라고 하자, 사도가 "가장 좋은 지하드는 경건한 순례입니다."라고 말했다.(2784)[9]

○아부 후라이라가 전하길, 어떤 사람이 사도에게 와서 "지하드와 같은 행동을 저에게 알려주십시오."라고 말하자, 사도는 "나는 그러한 행동을 알지 못합니다."라고 대답했다. 그 남성은 "무자히드가 (지하드에) 나갔다가 모스크에 들어가 예배를 하고 이프타르[10]를 하지 않은 채 단식을 할 수 있습니까? 누가 그렇게 할 수 있습니까?"라고 물었다. 사도가 "무자히드는 말의 발자국 소리만으로도 보상을 받습니다."라고 말했다.(2785)

---

9 순니 4대 법학파(하나피, 말리키, 샤피이, 한발리)는 지하드가 여성에게는 의무가 아니라는 데 합의하고 있다. 하나피 법학파의 알카사니는 "능력이 되는 사람의 경우에만 지하드가 의무인데, 어린아이와 여성은 전쟁을 감당할 수 없기 때문에 그들에게 지하드는 의무가 아니다."라고 했으며, 말리키 법학파의 이븐 자지이는 "지하드가 의무가 되는 6가지 요건은 무슬림, 성인, 정신이 온전한 사람, 자유인, 남성, 건강한 육체와 돈이 있는 사람이다."라고 보았다. 샤피이 법학파의 이맘 샤피이는 "노예와 성인 여성에게 지하드는 의무가 아니다."라고 말했으며, 한발리 법학파의 이븐 꾸다마는 "지하드의 요건은 무슬림, 성인, 정신이 온전한 사람, 자유인, 남성, 아프지 않은 사람의 6가지다."라고 말했다.
10 라마단 단식을 깨는 행위 또는 라마단 기간 중 낮시간 동안의 단식 후 첫 번째로 먹는 음식.

○아부 후라이라가 전하길, 나는 사도가 알라의 길에 있는 무자히드의 본보기는 (알라는 잘 알고 있다) 단식을 수행하는 이의 본보기와 같다. 알라는 알라의 길에 있는 무자히드에게 죽어서는 천국에 들어가도록 하거나 보상이나 전리품과 함께 무사히 (살아서) 돌아오도록 보장하였다고 말하는 것을 들었다.(2787)

○아부 후라이라가 전하길, 사도가 알라와 그의 사도를 믿고, 예배를 행하고, 라마단에 단식을 행하는 이는 알라의 길에서 지하드하거나 그가 태어난 땅에 앉아 있거나 알라에 의해 천국에 들어가게 될 것이라고 말했다. 그러자 사람들이 "알라의 사도님, 사람들에게 복음을 전하지 않습니까?"라고 묻자, 사도는 "천국에는 알라의 길에 있는 무자히드들에게 알라가 준비한 수백 개의 등급이 있고, 등급 간의 간극은 하늘과 땅의 간극만큼이나 큽니다. 알라에게 물으려거든 가장 가운데 있는 천국이고 가장 높은 천국인 파라다이스에 관해 물어보십시오. 천국 위에는 알라의 옥좌가 있고, 그곳으로부터 천국의 강들이 쏟아져 나옵니다."라고 말했다.(2790)

○신자들의 어머니인 아이샤가 전하길, 아이샤가 사도에게 지하드에 관해 묻자, 사도는 "지하드는 순례이네."라고 말했다.(2876)

○아나스가 전하길, 한닥 전투(627년)의 날 안싸르가 "평생 동안 무함마드에게 지하드를 맹세합니다."라고 말하자, 사도는 "알라시여, 안싸르와 무하지룬을 명예롭게 하여 주십시오."라고 말했다.(2961)

○무자시으가 전하길, 나와 동생이 사도에게 와서 "우리가 히즈라에 대해 맹세하는 것을 받아 주십시오."라고 하자, 사도는 "히즈라는 그 사람들을 위해 지나갔습니다."라고 대답했다. 그래서 나는 "그럼 우리의 맹세를 받아 주시지 않으십니까?"라고 하자, 사도는 "이슬람과 지하드에 대한 맹세를 받아 주겠습니다."라고 말했다.(2962, 2963)

○압둘라가 전하길, 한 사람이 사도에게 와서 지하드를 허락해 달라고 요청했다. 사도는 "부모님이 살아 계십니까?"라고 물었고, 그 남성은 "네."라고 대답했다. 그러자 사도는 "부모님에게 지하드하십시오."라고 말했다."(3004)

지하드나 무자히드가 언급된 10개의 하디스 구절 중 성전이나 무슬림 전사로 해석할 수 있는 구절은 2787과 2961이다. 2787은 전리품이란 낱말이, 2961은 전투라는 낱말이 같은 구절 내에 언급되어 있다. 그 외의 구절들은 지하드를 알라의 길에서 이슬람과 무슬림공동체 움마를 위해 열심히 노력하고 투쟁하는 모든 행위와 같이 코란의 의미를 확인하는 포괄적인 의미로 해석하는 것이 타당해 보인다. 특히 2784와 2786에서는 지하드를 순례로, 3004에서는 지하드의 의미를 부모님에 대한 효도로 특정하였다.

둘째, 부카리 하디스의 지하드장에 언급된 199개 표제어를 정리하

면 다음과 같다.[11]

• 지하드와 사도 무함마드의 미덕 • 가장 선한 사람들은 알라의 길에서 스스로와 재산을 바쳐 노력하는 사람들 • 남성들과 여성들을 지하드와 샤하다(신앙고백)로 초대 • 알라의 길에서의 무자히드의 등급 • 알라의 길에서의 오전과 오후 • 알후르 알아인(천국의 여성)과 그녀들의 특징 • 알라의 길에서 쓰러져 사망한 이의 미덕은 그들(순교자) 중에 있는 것 • 알라의 길에서 부상을 당하거나 칼에 찔린 사람 • 알라의 길에서 부상당한 사람 • 전투 전의 올바른 행동 • 누군가의 화살에 맞아 사망한 사람 • 알라의 말(馬)이 최고가 되도록 싸운 사람 • 알라의 길에서 두 발이 먼지투성이가 된 사람 • 알라의 길에서 머리의 먼지 털기 • 전투와 먼지를 뒤집어쓴 후의 목욕 • 순교자에 드리운 천사의 그림자 • 세상으로 돌아가기를 원하는 무자히드의 소망 • 칼날 아래 있는 천국 • 아들에게 지하드를 요청한 사람 • 전투에서의 용기와 비겁함 • 비겁함을 피하는 것 • 전투에서 목격한 것을 이야기하는 사람 • 소집에 응할 의무와 지하드와 니야의 의무 • 무슬림을 살해한 후에 무슬림이 되었고 이후 선한 행동을 하다가 살해된(순교한) 불신자 • 단식보다 지하드를 선택한 사람 • 전투에서 살해된 것 외의 일곱 가지 순교자들 • 전

---

11 가즈와(습격, 공격), 끼탈(전투, 싸움), 하릅(전쟁)은 모두 전투로 번역함.

투 시의 인내 •전투 격려 •(한닥 전투 시) 도랑 파기 •핑계로 전투를 방해하는 사람 •알라의 길에서 단식의 미덕 •알라의 길에서 비용 지출의 미덕 •가지(전사)를 준비하거나 그를 후원하는 사람의 미덕 •전투 시 향수 바르기 •정찰병의 미덕 •정찰병은 혼자 가나? •두 사람이 함께하는 이동 •부활의 날까지 축복이 갈기에 매듭지어져 있는 말 •지하드는 (무슬림 통치자가 좋든지 나쁘든지) 수행해야 함 •알라의 길에서 말을 감금하는 사람 •말과 당나귀의 이름 •말의 나쁜 조짐에 대한 언급 •말의 세 가지 목적 •전투 시 다른 사람의 가축을 때리는 사람 •다루기 어려운 가축과 종마 타기 •(전리품) 말의 분배 •전투 시 다른 사람의 가축 몰기 •가축의 안장과 등자 •안장 없는 말 타기 •느린 말 •말 경주 •경주를 위해 말을 준비함 •여윈 말의 경주 목적 •예언자의 암낙타 •당나귀를 탄 전투 •예언자의 흰색 노새 •여성의 지하드 •바다에서 여성의 전투 •남성이 전투 시 여러 부인들 중 한 부인 선택하기 •여성들의 전투와 남성들과 함께 한 전투 •전투 시 여성들이 사람들에게 물주머니 가져다주기 •전투 시 여성들의 부상자 치료 •여성들이 부상자들과 사망자들을 (메디나로) 옮기기 •몸에서 화살 뽑기 •알라의 길에서의 전투 시 경계하기 •전투 시의 봉사 •이동 시 동료의 짐을 옮겨 주는 사람의 미덕 •알라의 길에서 여러 날들을 결합하는 미덕 •하인 소년과 함께 전투를 한 사람 •항해 •전투에서 약한 이들과 신앙심이 깊은 이들을 돕는 사람 •순교자를 그렇고 그런 사람이라고 말하지 말라 •궁수를 격려함 •창과 그와 유사한 무기 다루기 •방패와 동료를 보호하는 사람 •가죽 방패 •칼 걸이와 목에 칼 걸기 •칼 장식 •이동 시 낮잠을 잘 때 나무에 칼을 걸어 두는 사람 •헬멧 착용 •동물을 도살할 때 칼이 부러진 것을 신경 쓰지 않았던 사람 •정오와 나무 그늘에서 사람들을 이맘과 떼어놓기 •창에 대해서 •전쟁 시 사도의 갑옷 •이동과 전쟁 시의 줍바(소매가 터진 상의) •전쟁 시의 비단옷 •칼에 대해서 •룸(비잔틴제국)과의 전투에 대해서 •유대인과의 전투 •투르크인과의 전투 •머리털로 만든 신발을 신은 사람들과의 전투 •패배했을 때 동료들을 정렬시키고 타는 동물에서 내려 알라에게 도움을 청하는 사람 •불신자들의 패배와 동요를 알라에게 청함 •무슬림이 성서의 백성들을 인도하거나 그들에게 성서를 가르치나? •불신자들과 친하게 지내기 위해 불신자들의 인도를 청함 •이슬람과 싸우는 유대인과 그리스도교인을 초대함 •사도가 전투 이전에 코스로우(페르시아 황제)나 카이사르(로마 황제)를 초대하였다는 사실을 기록함 •사도가 이슬람과 그의 예언자성으로 초대함 •전투를 원해서 그 외의 것을 숨기는 사람과 목요일에 이동하길 좋아하는 사람 •오후 출전 •월말 출전 •라마단 때의 이동 •환송 •이맘의 말을 듣고 복종하기 •이맘의 뒤에서 싸우고 그를 보호함 •전쟁 때 도망치지 않겠다는 맹세 •이맘은 사람들이 할 수 있는 것을 명령해야 함 •사도는 아침 일찍 전투를 하지 않았다면 해가 질 때까지 전투를 늦춤 •갓 결혼한 사람의 전투 참가 •결혼 후 전투를 선택한 사람 •사람들이 두려워할 때 이맘이 앞장서기 •두려울 때 말을 빨리 달리기 •보수와 알라의 길에서의 새끼 양 •노동자 •사도의 깃발에 대해서 •전투 시 식량 옮기기 •어깨로 식량 옮기기 •남자형제의 뒤에 탄 여성 •전투와 순례 시 (타는 동물에) 같이 타기 •당나귀에 같이 타기 •올라탈 수 있도록 잡아 주는 사람 •적의 땅으로 코란을 가지고 가는 것의 혐오 •전쟁 시 타크비르(알라는 가장 위대하다)라고 외치는 것 •소리 높여 타크비르를 외치는 사람에 대한 혐오 •계곡을 내려갈 때 알함두릴라(알라를 찬양합니다)라고 말하는 것 •높은 곳으로 올라갈 때 타크비르를 외치는 것 •체류할 때 했던 일이 이동하는 사람에게 기록됨 •홀로 이동하기 •서둘러 이동하기 •데리고 간 말이 팔린 것을 알았을 때 •부모님의 허락을 받은 지하드 •낙타의 목에 걸린 종에 대해서 •군대에 등록된 남성의 부인이 순례를 하거나 여하한 이유가 있는 남성은 (출전이) 허용되나? •스파이와 염탐 •포로를 위한 옷 •이슬람을 포용한 남성의 미덕 •족쇄를 찬 포로들 •이슬람을 포용한 성서의 백성들의 미덕 •가족을 공격해 아이들이 당함 •전쟁 시 아이들의 살해 •전쟁 시 여성들의 살해 •알라의 처벌(화형)로 처벌하지 말라 •불신의 상태에서 구함을 받을 때까지 포로를 살해하거나 속이는 것은? •불신자가 무슬림을 화형에 처했다면 그를 화형에 처할 수 있나? •집과 야자수 불태우기 •잠자는 불신자 살해 •적을 만나기를 희망하지 말라 •전쟁은 속임수 •전쟁의 백성들

(전투에 참가한 비무슬림)의 살해 •사악하고 수치스런 사람을 속이거나 경계하는 것은 가능 •전쟁 때 시를 낭송하고 도랑을 팔 때 소리를 높이는 것 •말 위에 고정해서 앉지 못하는 사람 •돗자리를 태운 재로 상처를 치료하고 여성이 아버지의 얼굴에 묻은 피를 씻어 주며 방패로 물을 길어 오기 •전쟁 시 분쟁과 차이를 싫어하는 것과 이맘을 거역하는 사람의 처벌 •사람들이 밤에 두려워하면 적을 보고 사람들이 들을 수 있도록 큰 소리로 동료 여러분!이라고 외침 •"나는 누군가의 아들이다. 데려가시오."라고 말하는 사람 •적이 무슬림의 판단에 동의했을 때 포로와 감금된 이의 살해 •포로가 되기를 원하는 사람이 살해될 때 2 라크아(예배 시의 한 단위)의 예배를 함 •포로의 해방 •불신자의 몸값 •불신자 전사가 보호자 없이 이슬람의 땅에 들어올 때 딤미와 싸우고 그들을 노예로 삼지 말라 •딤미를 옹호하고 그들과 거래할 수 있나? •대표단에게 정중하게 행동하기 •이슬람은 (비무슬림) 소년에게 어떻게 비춰지나? •전쟁의 집(다르 알하릅)[12] 사람들이 이슬람을 포용하면 돈과 땅이 그들의 것 •이맘이 사람들의 이름 쓰기 •알라가 사악한 사람과 함께 이슬람을 지지함 •전쟁 시 적이 두려울 때 (상관의) 명령을 받지 않고 명령을 내리는 사람 •증원으로 협조함 •적의 마을에 3일 동안 머물면서 적을 물리친 사람 •전투와 이동 시 전리품을 분배하는

---

12 이슬람 이외의 종교를 믿거나 불신자들이 사는 곳을 뜻한다. 무슬림이 사는 곳은 평화의 집이란 뜻을 가진 다르 알살람이라고 부른다.

사람 •불신자들이 무슬림의 돈을 전리품으로 취하고 무슬림이 그것을 보았을 때 •페르시아어와 아랍어를 이상하게 말하는 사람 •분배되기 전의 전리품 절도 •작은 전리품 절도 •전리품 중 낙타와 양의 도살은 혐오 행위 •정복(승리) 소식 •좋은 소식을 전달하는 사람에게 주는 것 •메카 정복(630년) 후 히즈라 없음 •딤미와 무슬림 여성의 머리카락이 어쩔 수 없이 보이는 경우 알라를 거부한다면 그녀들의 옷을 벗겨라 • 무슬림 전사들 맞이하기 •전투로부터 돌아올 때 말하는 것 •전투에서 돌아올 때의 예배 •(전투에서) 돌아왔을 때의 음식

부카리 하디스의 지하드장에 언급된 표제어들 중 주요 낱말의 사용 빈도수를 표로 정리해 보면 다음과 같다.

전투(끼탈, 가즈와), 전쟁(하릅), 전사(가지)	52번
지하드, 무자히드	10번(지하드와 사도 무함마드의 미덕, 남성들과 여성들을 지하드와 샤하다(신앙고백)로 초대, 알라의 길에서의 무자히드의 등급, 세상으로 돌아가기를 원하는 무자히드의 소망, 아들에게 지하드를 요청한 사람, 소집에 응할 의무와 지하드와 니아의 의무, 단식보다 지하드를 선택한 사람, 지하드는 (무슬림 통치자가 좋든지 나쁘든지) 수행해야 함, 여성의 지하드, 부모님의 허락을 받은 지하드)
전리품	6번
순교자, 순교	5번

199개 표제어 중 지하드와 무자히드가 언급된 것은 10번이며, 그중에서 성전이나 무슬림 전사로 해석될 수 있는 것은 4번 정도이다.

역사학자인 더글라스 스트로샌드(Douglas Streusand)는 하디스에 언급된 지하드는 무력을 의미하며, 부카리 하디스에 등장하는 199건의 지하드 관련 이야기도 모두 전쟁을 가리킨다고 분석했다(Streusand, 1997, pp.9-17). 그러나 이상의 분석에서 알 수 있듯 부카리 하디스의 지하드 장에 언급된 199개 표제어가 직간접으로 지하드와 관련된 내용이기는 하지만, 지하드가 전쟁을 의미한다고 단정한 스트로샌드의 언급은 무리한 주장이다.

무엇보다 하디스에 전쟁, 전투를 가리키는 아랍어 낱말들(끼탈, 가즈와, 하릅)이 별도로 사용되고 있다는 점에서 지하드와는 구별해서 언급하는 것이 바람직해 보인다. 부카리 하디스에 사용되고 있는 지하드는 코란의 의미를 확인하는 경우로서 알라의 길에서 이슬람과 무슬림공동체 움마를 위해 열심히 노력하고 투쟁하는 모든 행위로 해석하고, 끼탈(가즈와, 하릅)은 성전으로 해석하는 것이 타당하다. 끼탈(가즈와, 하릅)은 지하드의 한 부분이지 동일한 개념이 아니다. 그 외 지하드나 무자히드가 직접 언급되지 않은 다수의 구절은 코란의 내용을 해설·제약·한정하거나 새로운 규범을 제정하는 경우로 볼 수 있다.

2) 알카피 하디스

시아 4서 중 가장 대표적인 알카피 하디스의 지하드 장을 분석하였다. 우선 149개 구절 중 지하드와 무자히드가 언급된 구절을 제시하고, 다음으로 지하드 장에 언급된 23개 표제어를 정리하였다.

첫째, 지하드 장에서 지하드와 무자히드란 낱말이 직접 사용된 구절은 다음과 같다.

○아부 압둘라가 전하길, 지하드는 종교적 의무들 이후 가장 좋은 것이다.(제1절 5항)

○사도가 말하길, 알라는 지하드를 명령했고 강조했으며 승리하게 만들었다.(제1절 11항)

○아부 압둘라가 전하길, 사도는 지하드하고 전리품을 획득하라고 말했다.(제1절 14항)

○알아쓰박 빈 누바타가 전하길, 사도는 알라가 지하드를 남성과 여성의 운명으로 정했다. 남성의 지하드는 알라의 길에서 살해될 때까지 돈과 자신을 희생하는 것이고, 여성의 지하드는 자신이 본 남편의 비행에 인내하는 것이라고 말했다.(제2절 1항)

○푸다일 빈 이야드가 전하길, 내가 압둘라에게 지하드가 순나인지 의무인지에 관해 물었다. 그러자 그가 지하드에는 네 가지 방식들이 있는데, 두 가지는 의무이고 한 가지는 순나인데, 남성의 지하드는 알라의 죄에 대항해 지하드하는 것으로 가장 큰 지하드이다. 불신자에 대한 지하드는 의무이다. 적들에 대한 지하드는 모든 움마의 의무이며, 이를 하지 않으면 처벌이 있다….(제3절 1항)

○아부 압둘라가 전하길, 사도가 파견대를 보냈고 그들이 돌아왔을 때, "소 지하드를 수행한 여러분을 환영합니다. 대 지하드가 남아 있습니다."라고 말하자, "대 지하드는 무엇입니까?"라고 그들이 물었고, 사도는 "마음의 지하드입니다."라고 대답했다.(제3절 3항)

○아부 바씨르가 전하길, 내가 아부 압둘라에게 "어떤 지하드가 가장 좋은 것입니까?"라고 물었더니, "그의 말이 부상을 입고 알라의 길에서 피를 흘린 사람입니다."라고 대답했다.(제25절 7행)

지하드(무자히드)란 낱말이 언급된 7개 구절 중 성전으로 해석될 수 있는 구절은 6개이며, 특히 소 지하드는 확실히 성전을 의미하고 있다. 소 지하드와 대 지하드의 명칭과 개념이 알카피 하디스의 지하드 장에서 구체적으로 언급되었다는 점은 주목할 필요가 있다.

둘째, 지하드 장에 언급된 23개 표제어를 정리하면 다음과 같다.

•지하드의 미덕 •남성 및 여성의 지하드 •지하드의 방식들 •지하드를 해야만 하는 이와 해서는 안 되는 이 •이슬람이 두려워 사람들과 함께 침략 •가능성이 있는 사람과 함께 한 의무적인 지하드 •파견대에 대한 사도의 충고 •안전(은신처) 제공해 주기 •전투 요청 •포로에게 친절히 대해 주고 음식 주기 •전투 전에 이슬람으로 초대하기 •사도가 전투 시 충고했던 것 •전쟁의 집(다르 알하릅)을 차지할 때 무슬

림에게 허용되지 않는 것 •전리품의 분배 •슬로건 •말을 묶어 두고 출발하고 달리는 행위의 미덕 •도둑으로부터 방어하는 남성 •잘못된 행동 없이 살해된 사람 •샤하다(신앙고백)의 미덕 •적절하게 명령하고 불쾌한 것 금지하기 •불쾌한 일을 마음으로 거부하기 •피조물의 만족에 창조주를 분노하게 하는 사람 •견딜 수 없을 때의 저항은 혐오 행위

23개 표제어 중 지하드가 직접 언급된 것은 5개이며, 이 중 성전으로 해석될 수 있는 것은 1개 정도이다. 나머지는 코란의 지하드 개념을 확인하는 것으로 보는 것이 타당하다.

순니 부카리 하디스와 시아 알카피 하디스의 지하드 장에는 지하드(무자히드)란 낱말이 직접 사용되지 않은 다수의 구절과 표제어가 포함되어 있다. 사도 무함마드 사후 활동했던 후대의 하디스 편찬가들은 코란 구절들을 통해 확립된 지하드 개념과 직간접으로 관련된 모든 내용을 지하드 장에 수집하여 정리하였다. 또한 순니와 시아의 주요 법학파들과 법학자들은 코란의 지하드 구절과 하디스의 지하드 장에 포함된 다양한 구절을 바탕으로 각자의 시대와 상황에 따라 독자적인 이즈티하드(법해석 노력)를 함으로써 지하드를 성전으로 해석

성전 개념을 코란과 직접 결부시키는 것은 바람직하지 않다. 코란의 내적·외적 영향력으로 볼 때 지하드의 포괄적인 의미들 중 과격한 성향을 가진 일부를 지하드의 성격으로 보편화·일반화하게 되면 이슬람을 과격한 종교로 인식하도록 유도할 가능성이 높다. 지하드를 성전으로 해석하는 것은 긍정적인 측면보다는 부정적인 측면이 강하다. 지하드는 알라의 길에서 이슬람과 무슬림공동체 움마를 위해 열심히 노력하고 투쟁하는 모든 행위로 해석하는 것이 바람직하다. 사진: 다마스쿠스 성채와 살라훗딘 동상(시리아 다마스쿠스)

하는 인식이 확산된 것으로 보인다.[13]

4. 지하드는 샤리아의 한 부분

지하드란 낱말이 성전이란 의미로 해석되고 테러와 동일시되면서 이슬람 혐오(이슬람포비아)를 조장하고 있다. 또한 지하드가 특정 집단과 개인의 행위를 정당화하거나 상대를 비난하기 위해 사용된다. 이로 인해 지하드가 무슬림 내부뿐만 아니라 무슬림과 비무슬림 간의 갈등을 조장하고 증폭하는 촉매제가 되고 있다. 지하드에 대한 정확한 의미 설정이 요구되는 까닭이다.

---

13 순니 4대 법학파는 지하드의 의미를 다음과 같이 제시하였다. '지하드는 알라의 길에서 정신, 돈, 혀 등으로 전투를 하거나 진리의 종교로 초대하고 이를 수락하지 않는 이들과 성전을 하는 데 힘과 능력을 제공하는 것'(하나피 법학파), '지하드는 무슬림이 알라의 말씀을 강화하기 위하여 계약이 없는 불신자들과 성전을 하는 것'(말리키 법학파), '지하드는 불신자들과 성전을 하는 것'(샤피이 법학파와 한발리 법학파), '최대한의 능력으로 투쟁하는 것'(아부 알라 알마우두디), '지하드는 무슬림이 그의 생애를 신에 대한 봉사에 헌신하고, 정의를 실행하며, 내외로부터 악을 추방하고, 이러한 목적을 위해 어떠한 희생도 감수하는 것'(마르얌 자질라), '작은 지하드는 전쟁터에서 보이는 적과 싸우는 투쟁이며, 큰 지하드는 자신의 천박한 자아에 대항해 수행하는 끊임없는 내부적 투쟁'(호메이니)(황병하, 1995, 155-156).
법학파와 법학자는 코란과 순나(하디스)를 바탕으로 특정한 사안에 대하여 독자적인 이즈티하드를 하는 주체이며, 따라서 이들 법학파와 법학자의 지하드 개념은 모두 합법적인 개념임에는 틀림없다. 법학파와 법학자 개인의 지하드 개념이 코란과 순나(하디스)의 지하드 개념에 포함되어야 하지만 반드시 동일한 것은 아니다. 그들은 코란과 순나(하디스)의 계시가 허용하는 범위 내에서 자신들이 속해 있는 지역의 관습이나 환경 등에 따라 자유롭게 독자적인 법적 견해를 제시하기 때문이다. 그러나 법학파와 법학자의 지하드 개념이 곧 코란과 하디스의 지하드 개념이라고 주장하는 것은 옳지 않다. 다시 말하면 법학파와 법학자가 주장하는 지하드 개념이 코란과 하디스의 지하드 개념에 포함되기는 하지만, 포함의 정도가 천차만별이므로 개념 차용 시 세심한 주의가 요구된다.

지하드의 의미는 정치적·종교적 이해관계가 아니라 샤리아의 관점에서 보아야 한다. 샤리아는 무슬림의 삶의 지침이며 도덕이고 관습이며 법과 규범을 망라하는 개념이다. 지하드 또한 샤리아의 한 부분이다.

샤리아의 제1법원인 코란에는 30개의 지하드(자하다, 무자히드) 관련 구절이 있으며, 그 의미는 알라의 길에서 이슬람과 무슬림공동체 움마를 위해 행하는 투쟁이나 노력과 같이 포괄적이고 원론적인 개념으로 이해하는 것이 바람직하다. 코란의 내용을 문자 그대로 해석하는 것은 지양해야 한다. 코란 구절을 있는 그대로 해석하거나 특정 낱말의 사전상 해석에 집착하는 문자주의자들은 원리주의자들이다.[14]

샤리아의 제2법원인 하디스(순나) 중 하나인 순니 부카리 하디스 제53장(지하드 장)에는 308개의 관련 구절과 199개의 표제어가 포함되어 있다. 지하드 장의 308개 구절 중 지하드(자하다, 무자히드)란 낱말이 직접 언급된 것은 10개이며, 내용으로 볼 때 성전보다는 코란의 포괄적이고 원론적인 의미를 확인하는 경우이다. 199개 표제어의 내용을 분석한 결과 관련 낱말이 직접 언급된 것은 10개이며, 이 중 성전으로

---

14 순니 4대 법학파들 중 한발리 법학파는 코란과 순나를 추종하고 이슬람의 전통 보수주의를 견지하였으며, 이에 반하는 모든 세력을 이단과 변혁으로 간주하고 지하드를 수행하였다. 이후 한발리 법학파의 논리는 14세기 이븐 타이미아에게 계승되었으며, 18세기 와하비 사상으로 계승되었고, 19-20세기 무함마드 압두흐와 무함마드 라시드 리다, 사이드 꾸뜹, 아부 알라 알마으두디에 의해 계승되었다(황병하c, 2007, 25-26쪽).

해석될 수 있는 것은 소수이다. 시아 알카피 하디스에는 149개의 구절과 23개의 표제어가 포함되어 있는데, 그중 성전으로 해석할 수 있는 것은 소수임을 확인하였다. 순니와 시아 하디스의 지하드 장에는 지하드(자하다, 무자히드)란 낱말이 사용되지 않은 다수의 내용이 포함되어 있으며, 이는 후대의 법학파들과 법학자들에게 지하드를 성전으로 해석할 수 있는 근거를 제공해 주고 있다.

무엇보다 성전 개념을 이슬람의 성서인 코란과 직접 결부시키는 것은 바람직하지 않다. 코란의 내적 · 외적 영향력으로 볼 때 지하드의 포괄적인 의미들 중 과격한 성향을 가진 일부를 지하드의 성격으로 보편화 · 일반화하면 이슬람을 과격한 종교로 인식하도록 유도할 가능성이 높다. 지하드를 성전으로 해석하는 것은 긍정적인 측면보다는 부정적인 측면이 강하다. 이슬람 내적으로는 극단주의 성향의 원리주의자들이 자신들의 행동을 정당화하기 위한 수단으로 지하드를 이용한다. 외적으로는 이슬람을 폭력의 종교로 오인하게 만들거나 무슬림을 광신도로 인식하게 만드는 데 지하드가 이용된다. 따라서 지하드는 알라의 길에서 이슬람과 무슬림공동체 움마를 위해 열심히 노력하고 투쟁하는 모든 행위로 해석하는 것이 바람직하다.[15]

---

15 다수의 이슬람 학자들은 성전이란 의미가 중세 그리스도교 십자군과 연관된 의미로 생겨난 것으로서 원래의 지하드 어원과는 상관이 없다고 사용하기를 거부하였다(Cook, 2005, p.1).

히잡*
―히잡은 정체성의 표현이다

* 이 글은 『중동문제연구』 제17권 3호(2018)에 「히잡 착용에 관한 샤리아 규범」이라는 제목으로 게재된 글을 수정·보완한 것이다. 아랍어 자료와 참고문헌은 편집의 어려움과 가독성을 고려하여 생략하였다.

1. 히잡 착용은 샤리아 규범

2018년 대한민국의 대통령 내외가 아랍에미리트 아부다비의 그랜드 모스크를 방문했을 때, 영부인이 머리에 히잡을 착용한 것을 두고 패션 외교인가 문화 존중인가에 대한 논란이 일었다. 히잡이 이슬람의 전통이긴 하지만, 현대에 들어 여성 억압이란 비난도 적지 않다고 보도했다.[1] 이 보도에서 주목해 보아야 할 것은 '머리에 착용하는 히잡'이란 부분과 '이슬람 전통이지만 여성 억압'이란 내용이다. 과연 히잡은 머리에 착용하는 것이며, 여성 억압의 도구인가?

무슬림 여성의 히잡 착용은 샤리아 규범이다.[2] 이 말은 히잡의 정의, 히잡 착용의 목적, 히잡 착용의 상황, 히잡 착용의 범위 등이 샤리아에 의해 구체적으로 규정되어 있다는 뜻이다. 샤리아는 제정의 과정과 내용이 구체화되어 있는 규범이며 법체계이기 때문이다. 히잡

---

1 '김정숙 여사 히잡 둘러싼 이중 잣대 논란', 《TV조선》, 2018년 03월 26일 자.
2 히잡은 이슬람 이전에 이미 히타이트인, 페니키아인, 고대 이집트인, 그리스인, 로마인, 아랍인에게서 사용되었다는 증거들이 회화, 조각, 조상 등을 통해 밝혀지고 있다 (Rookhsana Aziz, 2010, pp.32-43).

의 내용을 정확히 알기 위해서는 샤리아를 살펴보아야 한다.

우선 코란에 언급된 히잡 관련 계시를 정리하고, 다음으로 하디스(순나)에 언급된 히잡 관련 구절과 그 의미를 살펴보았다. 마지막으로 히잡에 대한 법학파들의 법적 견해를 정리하였다. 코란과 순나의 계시 규범은 이슬람세계가 방대해지고 세월이 흐르면서 더 구체화될 필요가 있었으며, 이에 법학파들은 코란과 순나(하디스)를 바탕으로 한 이즈티하드를 통해 시대 상황에 적합한 샤리아 규범을 생산하고자 노력하였다.

2. 코란의 히잡 관련 계시

히잡이란 낱말이 언급된 코란 구절은 모두 8개이다.[3] 각 구절에 언급된 히잡의 의미[4]를 장의 순서대로 정리하면 다음과 같다.

코란 구절	히잡의 의미
"그들 사이에 히잡이 있고, 높은 곳(천국)에는 징표로 각자를 인식할 수 있는 남성들이 있다. 그들은 천국의 사람들에게 '당신들에게 평화가 있기를'이라고 외칠 것이다. 그들은 열망하지만 천국에 들어가지 못했다."(제7장 46절)	병풍, 장막, 장벽, 칸막이

---

3 7개는 히잡이란 낱말이 직접 언급되며, 1개는 수동분사(마흐줌)의 형태로 언급된다.
4 코란 각 장에 언급된 히잡의 의미는 Rookhsana Aziz(2010)가 쓴 석사학위논문, 코란 번역자들, 이슬람 학자들의 견해를 종합하여 제시하였다.

"너희가 코란을 낭송할 때 우리(알라)는 너희와 내세를 믿지 않는 이들 사이에 보이지 않는 <u>히잡</u>을 두었다."(제17장 45절)	장막, 장벽, 덮개, 검은 장막
"그녀가 그들 앞에 <u>히잡</u>을 두었다. 우리(알라)는 그녀에게 우리의 영(천사)을 보냈고, 그는 사람의 모습으로 그녀에게 나타났다."(제19장 17절)	병풍, 격리, 자신을 가리는 장막, 자신을 덮는 장막
"믿는 이들이여, 너희에게 식사가 허락되지 않는다면 예언자의 집에 들어가지 말라. 그것(식사)이 준비되기를 기다리지 말라. 너희가 초대되었다면 들어가고, 식사를 마쳤다면 해산하고, 대화에 귀를 기울이지 말라. 그것은 예언자를 괴롭히는 일이다. 예언자는 너희가 떠나 주기를 요청하기를 어려워하지만, 알라는 진리를 말하는 것을 어려워하지 않는다. 너희가 그녀들[예언자의 부인들]에게 무엇인가를 요청할 때는 <u>히잡</u> 뒤에서 말하라. 그것이 너희의 마음과 그녀들의 마음을 정결케 하는 것이다. 너희가 알라의 사도를 괴롭혀서는 아니 되며, 그 후에(사도 사망 이후에) 그의 부인들과 결혼해서는 절대로 아니 된다. 그것은 알라에게는 중대한 일이다."(제33장 53절)[5]	병풍, 커튼, 장막
"그(다윗)는 말하길, 나는 태양이 <u>히잡</u> 뒤로 사라질 때까지 주님을 기억하기보다 더 그것[말]을 사랑했다."(제38장 32절)	커튼, 장막
"그들[불신자들]이 말하길, 우리의 마음이 은신처에 있어 너희의 초대가 우리에게 이르지 못하고, 우리의 귀가 막혀 있어 우리들과 너희 사이에는 <u>히잡</u>이 있다. 그러니 너의 일을 하라, 우린 우리 일을 할 것이다."(제41장 5절)	은신처, 장막, 은폐된, 장벽
"알라가 계시나, <u>히잡</u> 뒤에서나 또는 허락을 받아 그분이 원하는 것을 계시한 사도들을 통하지 않고 말하는 것은 어느 누구에게도 적합하지 않다. 그분은 고귀하고 현명하다."(제42장 51절)	장막
"그날 그들은 그들의 주님(의 자비와 시선)으로부터 <u>히잡</u>된(차단된) 상태로 있었다."(제83장 15절)	은폐된, 차단된, 덮인, 장막으로 가로막힌

8개의 코란 구절에는 히잡이라는 낱말이 직접 또는 변형되어 사용되었는데, 중심이 되는 의미는 두 공간을 분리하는 장막이나 칸막이

---

5 코란 제33장의 명칭이 히잡의 장이다. 일부 학자들은 이 구절의 히잡 착용이 사도 무함마드의 부인들에게만 한정된 것이라고 주장한다. 하지만 대다수의 학자들은 이 구절이 모든 무슬림 여성들의 정숙과 명예를 위해 히잡 착용을 의무로 규정한다고 주장한다(Madani, 2010, p.2; Rookhsana Aziz, 2010, p.145).

다. 코란 구절이 의미하는 두 공간은, 천국과 지상(제7장 46절), 무슬림
과 비무슬림(제17장 45절, 제41장 5절), 남성과 여성(제19장 17절), 예언자
의 부인들과 무슬림(제33장 53절), 보이는 세계와 보이지 않는 세계(제
38장 32절), 알라와 인간(제42장 51절), 알라와 불신자(제83장 15절)로 요
약할 수 있다. 이와 같이 코란의 히잡 의미는 현재 일반적으로 이해되
는 무슬림 여성의 의복과는 직접적인 관련성이 없다(Rookhsana Aziz,
2010, pp.88-89).

따라서 현재 히잡의 의미로 통용되는 무슬림 여성의 의복 관련 코
란 구절을 살펴볼 필요가 있다. 주요 선행 연구에[6] 언급된 의복 관련

---

6 국내외적으로 히잡에 관련된 다수의 선행 연구들이 있다. 국내의 주요 선행 연구로는, 이
슬람 여성의 히잡 착용과 에로티시즘과의 관계를 정신분석적으로 연구한 「이슬람 여성과
에로티시즘」(2008), 보편주의와 다문화주의 논쟁의 촉매제로서의 히잡을 다룬 「히잡 사건
을 통해 본 프랑스의 보편주의와 다문화주의」(2008), 프랑스 히잡 논쟁을 분석한 「이슬람
의 시각으로 본 프랑스 히잡 논쟁」(2010), 히잡의 역사, 유형과 특징, 히잡의 의미와 특징
을 다룬 「중동의 사회·문화적 배경에 따른 무슬림 여성패션 연구: 베일과 아바야를 중심
으로」(2012), 국가별 특징을 다룬 「무슬림 여성들의 가리개, 히잡에 관한 연구」(2017), 히
잡을 둘러싼 인식 차이를 다룬 「히잡을 둘러싼 인식 차이와 경합: 인도네시아 여대생의 사
례를 중심으로」(2018) 등이 있다. 국내 선행 연구들은 무슬림 여성의 히잡에 관한 의미 있
는 연구 성과임에 틀림이 없지만, 히잡이 이슬람의 문화 코드로 완전히 정착하기 이전에
이미 샤리아 규범이 되었다는 점에서 우선적으로 샤리아의 문제로 접근해야 한다는 점을
간과하고 있다. 샤리아는 모든 이슬람문화의 토대이며 바탕이기 때문이다. 이 글이 목표
로 하는 히잡에 관한 샤리아 제정의 문제는 두 편의 영어 저서에서 상당한 도움을 받았다.
첫째는, 히잡의 역사적 배경, 코란과 하디스에 나타난 이슬람 의복, 이슬람 학자들의 의복
에 대한 견해들을 상세히 다룬 『Hijab-The Islamic Dress Code: Its historical development,
evidence from sacred sources and views of selected muslim scholars』이다. 둘째는, 코란과
하디스에 나타난 히잡의 근거들과 관련된 명령들을 구체적으로 다룬 『Hijab: The Islamic
commandments of Hijab』이다. 선행 연구를 바탕으로 코란과 하디스 웹사이트를 적극 활
용하였으며, 특히 순니 4대 법학파의 얼굴 노출에 관한 법적 견해들을 정리함으로써 코란,
하디스, 법학파(순니)에 이르는 샤리아 제정 절차에 충실하려고 노력하였다.

코란 구절과 낱말 및 의미[7]는 다음과 같다.

코란 구절	관련 낱말 및 의미
"아담의 자손들아, 우리(알라)는 너희가 부끄러운 곳을 감추고 치장(리셔)을 할 수 있도록 의복을 내려주었다. 알라를 경외하는 의복이 제일이다. 그것이 알라의 징표들 중의 하나이다. 그들은 훈계를 할 것이다."(제7장 26절)	리셔: 화려한 의상, 아름다운 상태
"믿는 남성들에게 말하라, 시선을 아래로 낮추고, 음부를 보호하라. 그것이 너희에게 더 순결한 것이다. 알라는 그들이 행하는 것을 잘 알고 있다. 믿는 여성들에게 말하라, 시선을 아래로 낮추고, 음부를 보호하며, 밖으로 드러나는 것 외에는 치장을 드러내지 말라. 가슴 위에 덮개(쿠무르)를 착용하여[8] 남편, 자신의 아버지, 남편의 아버지, 자신의 자식, 남편의 자식, 자신의 남자형제, 자신의 남자형제의 자식, 자신의 여자형제의 자식, 무슬림 여성, 그녀의 오른손이 소유하고 있는 노예 여성, 성욕이 없는 노예 남성, 여성의 부끄러운 곳(아우라)을 알지 못하는 아이 외에는 치장을 드러내지 말라. 또한 감추어진 치장이 알려지도록 발걸음을 세게 내딛지 말라. 믿는 이들이여, 모두 알라께 회개하라. 너희는 축복을 받을 것이다."(제24장 30-31절)	쿠무르(키마르의 복수형): 장막, 여성의 머리와 얼굴을 덮는 것, 책상보나 담요 같은 덮개, 치마
"예언자여, 너의 아내들과 딸들과 믿는 여성들에게 외투(질밥)를 착용하라[9]고 말하라. 그것이 그녀들이 인식되는 것을 최소화하는 것이고, 그녀들이 괴롭힘 당하지 않게 하는 것이다."(제33장 59절)	질밥: 외투, 몸 전체를 가리는 긴 드레스, 목과 가슴을 가리는 외투

코란 제7장 26절은 부끄러운 곳을 감추고 치장을 할 수 있도록 의복을 주었지만, 알라를 경외하는 정숙한 의상을 착용할 것을 명령한다. 제24장 30-31절은 음부와 치장을 감추는 정숙한 의상을 갖출 뿐

---

7 Rookhsana, Aziz(2010), pp.89-97의 내용을 바탕으로 이슬람 학자들이 언급하였던 여성의 의복과 관련된 주요 낱말들 및 그 의미를 정리하였다.
8 키마르(쿠무르)가 얼굴을 가리는지에 대해서는 학자들 간에 이견이 있다. 일부 학자들은 코란에서 가슴을 가리라고 한 것이지 얼굴을 가리라고 한 것은 아니라고 주장한다 (Rookhsana Aziz, 2010, pp.93-94).
9 질밥의 착용 범위에 대해 일부 이슬람 학자들은 무슬림 여성이 필요에 의해 외출을 할 경우 머리를 덮고 얼굴을 가려야 한다고 주장한다. 이때 두 눈을 다 가릴 것인지, 두 눈을 다 내놓을 것인지, 오른쪽 눈만 내놓을 것인지에 대해서도 이견이 있다(Madani, 2010, 20-23).

만 아니라 시선을 아래로 낮출 것을 명령한다. 또한 결혼이 금지된 마흐람[10] 외의 사람들 앞에서는 가슴을 덮개로 가리고, 치장이 드러나지 않도록 발걸음조차도 조심할 것을 명령한다. 제33장 59절은 외투를 착용함으로써 자신의 모습이 드러나 괴롭힘을 당하지 않도록 할 것을 믿는 여성들에게 명령하고 있다(Rookhsana Aziz, 2010, p.96).

코란 구절에 언급된 여성의 의복 관련 주요 용어들(히잡, 키마르, 질밥)의 의미를 아랍의 주요 사전들(『리산 알아랍』; 『마아니』; 『라이드』; 『알타으리파트 알피끄히야』)을 통해 정리하였다.

히잡	덮개, 장막, 병풍, 둘 사이를 방해하는 모든 것, 얇은 직물, 무엇인가를 차단하는 모든 것; 장막, 덮는 모든 것, 둘 사이를 갈라놓는 것, 가슴과 배 사이를 감싸는 것; 둘 사이를 막는 것, 누군가나 누군가의 눈을 다른 사람들로부터 막는 것
키마르 (쿠무르)	면사포, 장막, 여성이 머리를 덮는 것; 덮는 모든 것, 여성이 머리를 덮는 옷, 남성의 터번; 무엇인가를 덮는 것, 여성이 자신의 머리와 목을 덮는 것
질밥 (잘라빕)	막, 껍질, 키마르보다 더 넓고 외투가 없으며 여성들이 머리와 가슴을 가리는 옷; 윗옷, 몸통 전체를 감싸는 옷, 키마르, 외투처럼 옷 위에 입는 것; 여성의 가슴과 머리를 덮는 통이 넓은 옷; 외투가 없으며 키마르보다 넓은 옷, 여성이 머리에 쓰는 두 눈이 뚫려 있는 옷(부르꾸으)

---

10 금지된이란 뜻이며, 성숙한 여성이 함께 앉아 있는 것이 허용될 정도로 가까운 친척들을 가리키는 말이다. 다시 말하면 아버지, 아들, 친오빠나 남동생, 할아버지, 삼촌, 조카와 같이 샤리아가 결혼을 허용하지 않을 정도로 가까운 친척들이라고 보면 된다. 일부 학자들은 비무슬림 여성, 노예 남성 , 여성에게 관심이 없거나 성욕이 없는 남성(성불능자, 노인, 남녀양성자 등), 사춘기 이전의 남자 아이들을 대할 경우에도 마흐람이 아닌 사람들의 경우와 같이 히잡을 착용해야 한다고 주장한다(Madani, 2010, 32-34).

11개의 코란 구절과 주요 용어들의 의미를 종합해 볼 때 다음과 같은 사실을 알 수 있다.

첫째, 히잡에 덮개 또는 가슴과 배 사이를 감싸는 것이란 의미가 있기는 하지만, 8개의 코란 구절에서는 히잡이 두 공간을 분리하는 장막이나 칸막이라는 의미로 사용된다.[11]

둘째, 무슬림 여성의 의복과 직접 관련된 3개의 코란 구절은, 모든 무슬림 여성이 마흐람 외의 사람들 앞에서 온몸을 가리는 외투를 입고, 치장이나 발걸음조차도 정숙하게 행동할 것을 명령하고 있다. 키마르(쿠무르)는 일부 이슬람 학자들이 얼굴을 포함한 머리 전체를 덮는 것으로 언급하지만 얼굴을 제외한 머리만을 덮는 것으로 이해할 수 있다. 질밥은 대체로 얼굴을 제외한 머리와 가슴을 덮는 통이 넓은 옷[12]이란 의미로 사용된다.

3. 하디스의 히잡 관련 순나

순니 6서를 정리해 놓은 웹사이트에 히잡이란 낱말을 넣어 검색한 결과 100여 개의 구절들이 도출되었으나 그중 일부만 소개한다.

---

11 히잡은 정숙, 경건, 존경의 표시로서 무슬림 여성을 이슬람 이전 시대의 여성, 노예 여성 또는 까이나(여성 노예 가수)와 구별하는 징표이다(Madani, 2010, pp.24-27).
12 통이 넓은 옷을 착용하는 이유는 신체의 굴곡이 드러나지 않도록 하기 위함이다.

○우마르가 알라의 사도에게 말하길, "좋은 사람과 나쁜 사람이 들어 갔으니 신자들의 어머니들(사도의 부인들)에게 히잡을 칠 것을 명령하 십시오." 그래서 수라 알아흐잡(히잡의 장)이 계시되었다.(부카리본 313)

○사도가 무아드를 예멘에 파견하면서, "박해받는 이의 초대를 조심하 게. 그와 알라 사이에는 히잡이 없네."라고 말했다.(티르미디본 2014)

○사도 무함마드가, 알라는 너희들 누구와도 말할 수 있으며, 알라와 그 사이에는 통역사도 없고 가로막는 히잡도 없다고 말했다.(부카리본 7443)

○살라마 빈 알알크와으는 사도 무함마드와 함께 히잡에 의해 사라질 때(해가 진 후) 마그립 예배[13]를 보곤 했다.(이븐 마자본 688)

다음으로 동일한 하디스 웹사이트에 키마르와 질밥이란 낱말의 단 수형과 복수형을 넣어 관련 구절을 검색하였다.

○무함마드 빈 자이드 빈 꾼푸드의 어머니가 움마 살라마에게 여성은 어떤 옷을 입고 예배를 해야 하는지에 관해 물었다. 움마 살라마는 키 마르(머리덮개)를 착용하고, 두 발등을 가리는 길고 느슨한 실내복(디르

---

13 하루 다섯 차례의 예배(파즈르, 주호르, 아쓰르, 마그립, 이샤) 중 해가 막 서쪽으로 넘어 간 직후에 행하는 예배이며, 3번의 라크아(일정한 형식을 포함하는 예배의 단위)를 행한다.

으)을 입고 예배를 해야 한다고 말했다.(아부 다우드본 639)[14]

○움 쿨숨이 사도 무함마드의 딸이 사망했을 때 그녀를 염했는데, 사도가 우리에게 하의, 디르으, 키마르, 외투를 차례대로 주었다. 그리고 마지막 옷을 입히게 했다. 사도는 수의를 입은 그녀가 있는 문가에 앉아 계셨다.(아부 다우드본 3157)

○리파아가 부인과 이혼했고, 압두라흐만 빈 알자비르 알꾸르디가 그녀와 결혼했다. 그때 아이샤가 그녀의 피부에 녹색의 점이 있으니 녹색의 키마르를 착용해야 한다고 말했다.(부카리본 5825)

○사도 무함마드가 움마 아띠야에게 이드 알피뜨르(단식종료제)와 이드 알아드하(희생제) 때 생리를 하는 여성들은 데리고 나가고, 생리를 하지만 별도의 공간에 있는 여성들은 예배하게 하며, 무슬림을 위해 기도하는 착한 여성들은 인정하라고 말했다. 내가 사도에게 그녀들 중 1명이 질밥을 입지 않았다고 말하자, 사도는 그녀에게 질밥을 입혀주라고 그녀의 자매에게 말했다.(무슬림본 890c)

○아이샤가 말하길, 우리가 사도 무함마드와 함께 이흐람(순례 복장) 상태에 있었는데, 말과 낙타를 탄 사람들이 우리 곁을 지나갔다. 그때 우

---

14 무슬림 여성에게 예배는 의무이므로 향수를 바르지 않고 보석으로 치장을 하지 않고 히잡을 착용하고 모스크에 가서 예배를 할 수 있다. 그러나 다수의 하디스에서는 집에서 예배하는 것이 더 좋다고 언급하고 있다. "여성의 가장 좋은 모스크는 집의 가장 안쪽에 있는 방이며, 여성이 개인적으로 하는 예배는 정원에서 하는 예배의 25배에 달하고, 집에서의 예배가 하람성원에서 하는 예배보다 더 낫다."는 하디스가 있다(Madani, 2010, pp.61-63).

리 중 한 여성이 질밥을 머리에서 내려 얼굴을 가렸고, 그들이 지나가자 우리는 얼굴을 드러내었다.(아부 다우드본 1833)

O아부 알싸바흐 알키나니가 아부 압둘라에게 여성들의 올바른 의복에 관해 묻자, 아부 압둘라가 그것은 질밥이며 키마르를 착용하는 것도 죄가 되지는 않는다고 말했다.(아흐캄 알타흐딥 1455페이지 136번)

하디스(순나)에는 100여 개의 히잡 관련 구절이 발견되는데, 코란에서와 같이 두 공간 사이를 차단하는 장막이나 칸막이의 의미로 사용되었다. 그 외 코란에서 여성의 의복으로 사용되었던 질밥과 키마르라는 낱말을 하디스에서 탐색한 결과 6개의 하디스(순니, 시아) 구절이 발견되었다. 이를 통해 여성의 올바른 복장은 질밥이고, 예배를 할 때는 질밥이나 디르으(실내복)를 입고 키마르(머리덮개)를 착용해야 하며, 낯선 사람을 만났을 때는 얼굴을 가려야 한다는 것을 알 수 있다.[15]

이상에서 살펴본 대로, 하디스(순나)도 히잡이란 낱말을 두 공간을

---

15 하디스에는 다양한 구절을 통해 옷의 길이, 비단옷 착용, 턱수염, 신발의 유형, 선호되는 옷 색깔과 천의 종류 등 남녀 무슬림의 의복에 대하여 전반적인 부분들이 언급되어 있다. 옷은 땅에 끌리지 않을 정도여야 하며, 몸이 비치거나 몸에 착 달라붙지 않아야 하고, 비단옷은 여성에게는 허용되지만 남성에게는 피부병과 같은 특정한 경우에만 허용되며, 비무슬림과 구별하기 위해 남성은 턱수염을 기르고 터번을 착용해야 하고, 남성은 샌들을 신어야 하며, 사도 무함마드는 흰색 옷, 녹색 망토, 거친 천을 선호했다. 무엇보다 남녀의 역할이 다르므로 옷차림도 달라야 한다는 것을 강조한다(Rookhsana Aziz, 2010, pp.100-125; Madani, 2010, pp.78-82).

무슬림 여성이 외출할 때 온몸과 머리를 가리는 것은 코란과 하디스(순나)에 의해 의무가 되었지만, 얼굴을 가려야 하는지에 대해서는 확실히 규정되지 않았다. 사진: 히잡을 착용하고 외출 중인 여성들(시리아 다마스쿠스)

분리하는 장막이나 칸막이란 의미로 사용하여 코란의 의미를 확인하고 있다. 반면에 한국인은 히잡을 여성이 외출할 때[16] 착용하는 의복 전체나 머리에 쓰는 스카프의 의미로 이해한다. 한국인이 많이 이용하는 백과사전들은 히잡을 무슬림 여성이 머리, 목, 가슴을 가리는 스카프로 정의하고 있다.

다음온라인대백과	히잡은 무슬림 여성이 입는 의복의 하나이다. 머리카락을 가리는 두건으로 스카프처럼 감아 머리와 목, 가슴을 가린다.
두산세계대백과	이슬람 여성들이 머리, 목, 가슴을 가리기 위해 착용하는 이슬람 전통 복장 중의 하나이다. 스카프나 두건과 비슷하다.
네이버지식백과	얼굴만 남기고 머리카락을 감싸는 스카프

샤리아의 주요 법원인 코란과 하디스(순나)에서 사용되는 히잡의 의미와 한국인이 이해하는 히잡의 의미 간에는 상당한 간격이 있어 보이지만, 둘 간에는 상관관계가 있다. 샤리아의 히잡 의미와 한국인이 이해하는 히잡 의미의 공통분모는 두 공간의 분리이다. 두 공간을 분리하고 차단하는 가장 효과적인 방식은 여성 자신을 능동적으로 가리는 것이며, 여성이 히잡을 착용함으로써 장막의 정지된 공간 한계성을 완전히 극복하게 된다.

---

16 하디스에는 무슬림 여성이 외출할 시의 조건을 제시하고 있다. 향수를 뿌리거나 보석을 착용하지 않아야 하고, 남편의 허락을 받아야 하며, 마흐람과 동행해야 하지만 이는 3일 이내로 가능하고, 외간남성들의 시선을 피하기 위해 도로의 중앙이 아닌 가장자리로 걸어야 한다는 것 등이다(Madani, 2010, pp.64-70).

〈히잡의 의미 확장〉

히잡	키마르, 질밥
두 공간을 분리하는 장막, 칸막이	몸과 머리(얼굴)를 가리는 무슬림 여성들의 의복
고정됨	이동 가능

두 공간의 분리(공통점)

⬇

히잡 〉 키마르, 질밥(니깝, 부르꾸우)

이상의 의미 관계를 고려해 볼 때, 코란과 하디스(순나)의 히잡 개념(장막, 칸막이)이 한국인이 이해하는 히잡의 개념(의복)으로 전환되어 히잡이라는 용어가 의복의 의미로 통용되고 있다. 따라서 지금부터는 히잡이란 용어를 '무슬림 여성이 외출 시 가슴, 목, 머리카락을 가리기 위해 착용하는 의복'이라는 개념으로 사용하고자 한다.

그럼에도 불구하고 무슬림 여성이 외출을 할 때나 외간남성 앞에서 히잡으로 얼굴을 가려야 하는지 여부에 대해서는 코란과 하디스를 통해 명확히 규정되지 않았다(Rookhsana Aziz, 2010, p.159). 따라서 무슬림 여성의 얼굴 노출 여부에 대해서는 현실생활에 적합한 법적 견해를 제시하였던 법학파들의 견해에 주목할 필요가 있다.

4. 순니 4대 법학파의 얼굴 노출에 관한 법적 견해

무슬림 여성의 얼굴 노출에 관한 순니 4대 법학파들의 법적 견해

(파트와)를 정리하였다. 법학파들의 견해는 이슬람 사회 통치의 기본 규범이라는 점과 영향력이 그들의 시대뿐만 아니라 현재에 이르기까지 지속되고 있다는 점에서 중요하다. 이슬람 법학파들은 다양한 사안이나 상황에 대해 서로 다른 견해를 제시하기도 하고 공통의 목소리를 내기도 하였다. 특정 법학파 내에서도 구성원 다수의 견해와 소수의 견해가 혼재되어 있으며, 다수든 소수든 하나의 법적 견해로 인정받고 있다.

1) 하나피 법학파

이맘 아부 하니파와 일부 법학자들은 여성의 발등과 얼굴이 마흐람이 아닌 사람들 앞에서는 부끄러운 곳(아우라)이므로 이를 노출하는 것을 금지하며, 얼굴을 가리는 것이 의무라고 보았다. 일부 법학자들은 젊은 여성이 얼굴을 노출하지 않는 것은 불명예 때문이지 아우라 때문은 아니며, 자유민 여성의 모든 신체는 아우라이지만 한쪽 눈은 부득이한 경우이기 때문에 예외라고 보았다. 또 다른 법학자들은 자유민 여성의 모든 신체는 아우라이지만 얼굴과 손은 예외이며, 남성들 사이에서 불명예를 초래할 경우에는 얼굴을 노출하는 것이 금지된다고 주장했다. 그들은 여성의 목소리는 아우라가 아니지만, 목소리가 부드럽고 듣기 좋은 경우라면 목소리 또한 감추어야 한다고 보았다. 일부 법학자들은 남성이 여성의 얼굴을 보는 것은 여성의 명예를 훼손하는 것이며, 남성이 여성을 바라보거나 얼굴과 손을 만지는 것은 욕망을 불러올 수 있기 때문에 금지라고 보았다. 일부 법학자들은 여성이 순례 중일 때 외간남성이 있는 경우 얼굴을 가려야만 한다고 주장한 반면, 또 다른 법학자들은 대순례(핫즈)에서 여성도 남성처럼 얼굴을 노출할 수 있으나 머리카락을 노출해서는 아니 된다고 주장했다.

2) 말리키 법학파

이맘 말릭과 다수의 법학자들은 여성의 얼굴이 손발톱처럼 아우라이며, 얼굴로 인한 불명예가 두렵거나 욕망을 불러일으킬 여지가 있다면 여성은 자신의 얼굴을 가려야 한다고 주장했다. 일부 법학자들은 무슬림 여성의 얼굴과 손이 무슬림 남성에게는 아우라가 아니지만, 불신자(카피르)에게는 아우라라고 보았다. 불신자들이 무슬림 여성을 바라보는 것은 그녀의 명예를 해치거나 스스로의 욕망을 불러일으키는 것이므로 사람들이 많은 도로, 시장, 교통수단에서 여성이 얼굴을 드러내는 것은 허용되지 않고, 사람들이 도로나 길에서 사진을 찍을 때도 무슬림 여성은 얼굴을 가려야 한다고 보았다.

여성이 텔레비전, 신문, 잡지에 얼굴을 공개하는 것은 금지되는데, 이는 불신자들이 그녀의 얼굴을 볼 수 있기 때문이다. 무슬림 여성이 얼굴을 드러낸 채 불신자의 집을 방문하거나 그들의 집에 체류하는 것은 허용되지 않으며, 이는 그녀의 얼굴과 손이 불신자 남성 앞에서는 아우라라고 보기 때문이다. 이런 이유들 때문에 다수의 무슬림은 여성이 얼굴을 드러낸 채 외출하는 것을 금지해야 한다고 생각한다. 그러나 이맘 말릭과 일부 법학자들은 신앙고백, 설교, 치료와 같은 부득이하거나 필요성이 있는 경우 여성의 얼굴 노출을 허용한다.

일부 법학자들은 젊은 여성과 나이 든 여성과는 차이가 있다고 본다. 나이 든 여성은 부득이하거나 필요한 경우가 아니더라도 얼굴을 노출할 수 있지만, 젊은 여성은 꼭 필요한 경우가 아니면 얼굴 노출을 허용하지 않는다. 여성이 자신의 아름다운 얼굴과 손으로 인해 불명예를 초래할 것이 두렵다면 가려야 하지만, 노인이거나 아름답지 않다면 얼굴과 손을 노출하는 것이 허용된다는 것이다.

또 다른 법학자들은 여성이 신체 전체를 가리는 옷을 입어야 하며 머리를 덮고 머리카락을 감추어야 하지만 얼굴은 예외라고 주장했다. 이때 얼굴은 남성의 시선을 가릴 정도로 가볍게 막을 드리우면 되지 덮을 필요는 없다는 것이다. 그러나 일부 법학자들은 여성의 모든 신체와 목소리는 아우라이므로 신앙고백이나 치료처럼 부득이하거나 필요한 경우가 아니라면 노출은 허용되지 않는다고 본다. 여성의 목소리는 아우라가 아니라는 주장을 하면서도, 목소리가 부드럽고 듣기 좋은 경우라면 감추어야 한다고 주장했다. 어떤 법학자는 여성이 얼굴과 손을 가릴 필요는 없고 시선을 낮추는 것이 좋다고 주장하면서도, 불신자 앞에서는 얼굴과 손을 포함한 모든 신체가 아우라라고

외출 시 히잡을 쓰는 것은 정숙하고 명예로운 무슬림 여성이라는 정체성을 표현하는 일반적이고 분명한 방식이 되었다. 히잡 착용은 무슬림 여성이라는 자부심과 자긍심의 기제로 작용할 뿐만 아니라, 비무슬림과의 차별성을 통해 무슬림 정체성을 표출하는 기제로 작동하고 있다. 사진: 식당에서 저녁을 먹는 시리아 사람들(다마스쿠스)

보았다.

3) 샤피이 법학파

일부 법학자들은 무슬림 여성의 얼굴과 손이 아우라가 아니지만 예배를 할 때는 아우라이므로 가려야 하며, 필요한 경우 얼굴 노출을 허용하지만 그렇지 않은 경우 허용되지 않는다고 본다. 또 다른 일부 법학자들은 예배할 때 얼굴과 손을 제외한 여성의 모든 신체는 아우라이며, 외간남성이 응시하는 곳에서는 얼굴과 손까지 포함하여 모든 신체가 아우라이고, 마흐람 앞에서는 배꼽과 무릎 사이가 아우라라고 보았다. 또 다른 법학자들은 외간남성에게 여성의 모든 신체는 예외 없이 금지이므로 여성은 가려야 하지만, 여성이 길을 걷는 경우 얼굴을 가려서는 아니 되며 남성이 시선을 낮추어야 한다고 주장한다. 그들은 자유민 여성이든 노예 여성이든 외간남성이 여성의 얼굴, 머리카락, 손발톱을 응시하는 것을 금지한다.

4) 한발리 법학파

일부 법학자들은 부득이하거나 필요한 경우가 아니면 여성의 얼굴 노출을 허용하지 않는데, 부득이한 경우는 신앙고백, 설교, 치료 등의 경우라고 보았다. 일부 법학자들은 여성의 손발톱까지도 아우라라고 보았고, 부득이하거나 필요한 경우 이외에는 외부인에게 얼굴을 노출하는 것을 허용하지 않는다. 욕망이 없는 나이 든 여성과 어린 여성조차도 외간남성에게 얼굴을 보이는 것을 허용하지 않으며, 남성은 여성에게서 시선을 멀리해야만 하고, 여성은 얼굴을 감추어야만 한다.

성인 여성의 경우 예배를 할 때 손발톱, 머리카락, 앞머리카락까지도 아우라여서 가려야 하지만, 얼굴은 아우라가 아니어서 노출할 수 있다. 그러나 외출을 할 경우 얼굴을 포함하여 그녀의 모든 신체가 아우라가 된다. 순례 중일 때 외간남성이 가까이 지나갈 경우 여성은 얼굴을 가려야만 한다. 일부 법학자들은 여성의 이흐람(순례 복장)에는 얼굴도 포함되므로 부르꾸으나 니깝 등으로 얼굴을 가려야만 한다고 본다.

순니 4대 법학파들에 의해 주장되었던[17] 얼굴 노출에 관한 파트와들을 상황과 대상에 따라 정리해 보면 다음과 같다.

(1) 예배 중일 때: 샤피이 법학파에는 얼굴을 가려야 한다는 주장과 얼굴은 아우라가 아니라는 주장이 공존하고 있으며, 한발리 법학파는 얼굴을 노출할 수 있다고 본다.

---

17 시아 법학파의 견해를 종합적으로 정리한 자료는 발견되지 않는데, 이라크 시아 무슬림의 정신적 지도자이며 시아 이슬람의 최고 성직자들 중의 한 명인 알리 알후사인 알시스타니(1930-)의 견해를 소개한다. 예배를 할 때 외간남성이 없다면 두 발을 반드시 가릴 필요는 없으며, 공공장소에 갈 경우 두 손과 두 발을 외간남성들의 시선으로부터 차단해야만 하지만, 손바닥은 예외이다. 남편과 마흐람이 아닌 사람들에게 얼굴과 두 손바닥을 노출할 수 있지만, 무슬림 여성의 얼굴이 다른 남성들의 유혹을 유발할 가능성이 있다면 얼굴 노출은 허용되지 않는다(출처: https://www.sistani.org/arabic/qa/0526/).

(2) 순례 중일 때: 하나피 법학파에는 외간남성이 있는 경우 얼굴을 가려야 한다는 주장과 얼굴을 노출할 수 있다는 주장이 공존하고 있으며, 한발리 법학파는 외간남성이 가까이 지나갈 경우 얼굴을 가려야 한다고 본다.

(3) 외출할 때: 말리키 법학파는 여성이 도로, 시장, 교통수단에서 얼굴을 가려야 한다고 주장하며, 샤피이 법학파는 여성이 길을 걷는 경우 얼굴을 가려서는 안 되고 남성이 시선을 낮추어야 한다고 본다.

(4) 부득이하거나 필요한 경우: 말리키와 한발리 법학파는 신앙고백, 설교, 치료와 같은 경우를 부득이하거나 필요한 경우로 보고 얼굴 노출을 허용한다.

(5) 젊은 여성이나 나이 든 여성의 경우: 말리키 법학파는 젊은 여성의 경우 꼭 필요한 경우가 아니면 얼굴 노출을 금지하나, 나이 든 여성의 경우는 부득이하거나 필요한 경우가 아니더라도 얼굴 노출을 허용한다. 한발리 법학파는 성인 여성이 외출할 때는 얼굴을 포함하여 모든 신체를 부르꾸으나 니깝으로 가려야 한다고 보며, 나이 든 여성과 어린 여성조차도 외간남성에게 얼굴을 보이는 것을 허용하지 않는다.

(6) 자유민 여성이나 노예 여성의 경우: 하나피 법학파에는 자유민 여성의 한쪽 눈을 제외한 모든 신체는 아우라라는 주장과 얼굴은 제외이지만 남성들 사이에서는 얼굴 노출을 금지해야 한다는 주장이 공존한다. 샤피이 법학파는 자유민 여성이든 노예 여성이든 외간남성

앞에서는 얼굴을 가려야 한다고 본다.

(7) 마흐람 앞에서: 하나피 법학파는 마흐람 앞에서 얼굴 노출이 허용된다고 보며, 샤피이 법학파는 마흐람 앞에서의 아우라는 배꼽과 무릎 사이이기 때문에 얼굴 노출을 허용한다고 본다.

(8) 불신자나 외간남성 앞에서: 하나피 법학파는 마흐람이 아닌 남성 앞에서의 얼굴 노출을 금지하며, 말리키 법학파는 불신자 앞에서는 얼굴을 가려야 한다고 본다. 샤피이 법학파는 외간남성과 불신자 남성 앞에서는 무슬림 여성의 신체 모든 부분이 아우라여서 얼굴을 가려야 한다고 주장하며, 한발리 법학파는 나이에 관계 없이 외간남성에게 얼굴을 노출하는 것을 금지한다.

이상의 내용으로 볼 때, 순니 4대 법학파들은 대체로 무슬림 여성이 마흐람이 아닌 남성 앞에서는 얼굴을 가리는 것이 바람직하다는 것에 동의한다는 것을 알 수 있다.

5. 히잡은 여성의 정숙함과 명예를 보호

코란에는 히잡이라는 낱말이 직접 또는 변형되어 사용된 구절이 8개가 있으며, 이들은 모두 두 공간을 분리하는 장벽이나 칸막이라는 의미로 사용되었다. 여성의 의복과 직접 관련된 코란 구절은 리셔(치장), 쿠무르(머리덮개), 질밥(외투)이 사용된 3개 구절이 있다. 순니 하디스 6서에는 히잡이란 낱말이 사용된 구절이 100여 개 있으며, 그 의미는 코란의 의미(두 공간을 분리하는 장벽이나 칸막이)를 확인하는 것이다. 그 외 키마르와 질밥이란 낱말이 포함된 구절이 6개가 발견되었고, 여성의 올바른 복장이 질밥이며 예배할 때 키마르를 착용하고 외간남성을 만났을 때는 얼굴을 가려야 한다고 규정하였다.

코란과 하디스(순나)에 사용된 히잡이란 낱말이 여성의 의복과는 직접적인 관계가 없지만, 무슬림 여성과 상대편 사이를 차단한다는 점에서 히잡이란 용어를 질밥과 키마르를 통칭하는 여성의 의복으로 이해하는 데는 큰 무리가 없다고 판단된다. 무슬림 여성이 외출할 때 온몸과 머리를 가리는 것은 코란과 하디스(순나)에 의해 의무가 되었지만, 얼굴을 가려야 하는지에 대해서는 확실히 규정되지 않았다. 이에 순니 4대 법학파들은 신앙고백, 설교, 치료 등과 같이 부득이하거나 꼭 필요한 경우가 아니라면 마흐람이 아닌 남성 앞에서는 얼굴을 가려야 한다는 파트와를 제시하였다.

히잡 착용은 샤리아에 의해 규정되고 오랜 세월 이슬람 사회 전반에 걸쳐 정착된 샤리아 규범이며 관행이다. 히잡에 관한 샤리아 규범 어디에도 무슬림 여성이 히잡 착용을 위반했을 경우에 대한 처벌이 존재하지 않는다. 그럼에도 불구하고 코란 계시를 통해 샤리아 규범이 된 히잡 착용은 7세기 이래 현재에 이르기까지 의무감을 내포한

채 존속해 왔다.

히잡 착용이 위반에 대한 처벌이 없음에도 불구하고 무슬림 여성의 일반적인 규범으로 자리잡고 있는 것은 무엇 때문일까? 그것은 무슬림 여성의 히잡 착용을 의무화한 샤리아가 억압의 기제로 시작된 것이 아니라, 정숙과 명예를 보호하려는 목적에서 출발했기 때문이다.[18]

샤리아를 준수하는 것은 알라의 명령에 복종함으로써 알라에게 더욱더 가까이 다가가게 된다는 정신적 만족감을 얻는 길이기 때문이다. 즉 알라에 대한 사랑의 표현이다(Oula Abu Hwaij, 2012, pp.2-3). 이로 인해 여성이 마흐람 이외의 무슬림 남성과 비무슬림 앞에서 히잡을 쓰는 것은 정숙하고 명예로운 무슬림 여성이라는 정체성을 표현하는 일반적이고 분명한 방식이 되었다.[19] 히잡 착용은 정숙하고 명예로운 무슬림 여성이라는 자부심과 자긍심의 기제로 작용할 뿐만 아니라, 비무슬림과의 차별성을 통해 무슬림 정체성을 표출하는 기제로 작동하고 있다.

18 한 선행 연구자는 무슬림 여성이 베일을 착용하는 이유로, 종교적 정체성과 경건함을 표현하기 위해, 부패한 서양 문화의 영향을 거부하기 위해, 자신의 도덕성을 표현하고 타인의 성희롱으로부터 보호하기 위해, 정숙한 이미지를 보여주기 위해, 자유로운 야외 활동을 위해, 경제적 부담감을 해소하기 위해, 정치적 저항의식을 표현하기 위해, 미적 수단의 하나로 등을 열거하였다(엄익란, 2007, 113-114쪽).
19 무함마드 이스마일은 「The Hijab. Why?」에서 히잡의 장점을 복종의 행위, 정숙, 마음의 순결, 차단, 절대자에 대한 경외심, 믿음, 수줍음, 질투로 설명하였다.

마흐르*

—마흐르는 신랑이 신부에게 주는 선물이다

* 이 글은 『한국이슬람학회논총』 제28-3집(2018)에 「마흐르에 대한 샤리아 규범과 여성의 권리: 코란, 하디스, 법학파를 중심으로」라는 제목으로 게재된 글을 수정·보완한 것이다. 아랍어 자료와 참고문헌은 편집의 어려움과 가독성을 고려하여 생략하였다.

1. 마흐르는 샤리아의 결혼 규범

이슬람에는 신랑이 신부에게 일정한 정도의 돈이나 물품을 결혼 선물로 주는 제도가 있다. 이를 마흐르라고 하는데, 우리나라에서는 신붓값(bride price) 또는 신부대금, 결혼지참금(dowry), 혼납금, 혼례금[1] 등과 같은 용어로 사용되고 있다.

2018년 3월 뉴스에 의하면 '아랍에미리트 등 걸프 지역에서는 자국민 남성이 수백에서 수천만 원에 달하는 지참금과 결혼 비용이 부담된다는 이유로 무슬림이 아니더라도 외국인 여성과 결혼을 선호하는 흐름'이라고 보도했다.[2] 뉴스에서 주목해 볼 부분은 '수백에서 수천만 원에 달하는 지참금'이라는 부분인데, 이러한 금액이 일괄적으로 정해진 금액인지, 이슬람의 마흐르를 지참금이라는 용어로 사용할 수

---

1 신붓값(신부대금)은 매매혼에서 신랑이 신부에게 주는 돈을 의미하고, 결혼지참금은 신부가 시집갈 때 친정에서 가지고 가는 돈을 의미한다. 혼납금은 신랑집에서 신부집에 일정한 돈이나 물품을 주는 것을 의미하고, 혼례금은 결혼 시 드는 비용을 의미한다. 이런 의미들은 마흐르의 의미와 목적을 정확하게 표현하지 못하고 있다.
2 'UAE, 둘째 부인에게도 주택보조 혜택… 미혼여성 감소 기대',《연합뉴스》2018.03.01 자.

있는지에 대한 문제가 제기된다. 그 외에도 마흐르는 누구의 소유이고 권리인지, 마흐르를 주고받는 시기는 언제인지의 문제 또한 명확한 설명이 필요한 부분이다.

이와 같은 문제 제기에 대한 해답은 샤리아에 있다. 마흐르는 이슬람 이전 시대 아라비아 반도에 이미 존재하던 관행이지만,[3] 이슬람 이후 샤리아에 의해 더욱 체계적이고 구체적으로 규정된 결혼 규범이며 관습이다. 따라서 마흐르의 세부적인 내용을 알기 위해서는 샤리아 규범의 주요 법원이며 법 주체인 코란, 하디스(순나), 법학파의 법적 견해를 단계적이고 종합적으로 살펴보아야 한다.

우선 코란의 마흐르 관련 계시를 살펴보았다. 다음으로 하디스(순나)에 언급된 마흐르 관련 구절을 정리하고, 이를 코란과의 상관관계 속에서 검토하였다. 세 번째로 순니 4대 법학파(하나피, 샤피이, 말리키, 한발리)에 의해 언급된 마흐르 관련 법적 견해(파트와)를 정리하였다. 이와 같은 일련의 과정을 통해 마흐르의 개념과 주요 내용을 정리함으로써 '수백에서 수천만 원에 달하는 지참금'이라는 뉴스에 대한 진위를 검증해 보고, 특히 여성의 권리가 어떻게 얼마나 보장되는지를 살펴보았다.

---

3   이슬람 이전 시대 아랍 사회엔 다양한 형태의 결혼이 있었고 마흐르의 지불 여부 또한 다양했다. 특히 계약결혼, 임시결혼, 상속결혼, 매매결혼, 고용결혼에서는 물질적·비물질적 재화가 마흐르로 지불되었다. 당시 마흐르는 노예가 아닌 자유민 여성만이 받을 수 있었다(이상훈, 2015, 8-10쪽).

2. 코란의 마흐르 관련 계시

코란 웹사이트에 마흐르란 낱말을 입력하였으나 관련 구절은 발견되지 않았다. 선행 연구에[4] 따르면 코란에서는 싸두까, 파리다,[5] 아즈르[6]를 마흐르와 같은 의미로 사용하고 있다(조희선, 2009, 137쪽; 이상훈, 2016, 11쪽). 이상의 낱말들을 코란 웹사이트에 입력하여 관련 구절을 검색하고 이를 정리하였다.

---

4 대표적인 국내 연구 성과들로는 『변화하는 무슬림 여성』과 「현대 아랍세계의 혼납금 관행에 관한 연구」를 들 수 있다. 첫 번째 연구는 코란과 하디스와 이슬람 법학파에 언급된 여성문제에 집중하고 있으며, 마흐르에 대해서는 하디스와 법학파의 관련 내용들을 언급하였다. 특히 마흐르에 관한 법학파의 견해를 혼인계약과 마흐르, 액수, 종류, 성격, 지불시기, 권리, 남편의 지불 능력 부재로 나누어 정리하였다. 두 번째 연구는 석사학위논문으로서 마흐르의 역사와 현대 아랍의 실태를 연구하였다. 특히 이슬람 이전 시대, 초기 이슬람 시대, 중세 아랍 시대로 나누어 코란, 하디스, 법학파의 견해를 정리하였으며, 현대 아랍 각국의 마흐르 실태를 설문조사를 통해 분석하였다. 그 외에도 석사학위논문인 「동지중해권의 결혼지참금 제도」와 이슬람의 결혼문화와 젠더의 문제를 전반적으로 다루는 『이슬람의 결혼문화와 젠더』 또한 참고할 만하다. 그 외 국외 연구 성과들로는 『아내의 물질적 권리』(아랍어)와 『샤리아와 관습 간 아내의 마흐르』(아랍어)를 들 수 있다. 한국어로 된 연구 성과들은 마흐르에 대한 상당한 지식을 축적하고 있음에도 불구하고, 마흐르가 코란, 하디스(순나), 법학파의 법적 견해로 이어지며 완성되는 샤리아 규범이라는 부분을 충분히 인식하지 못한 상태에서 연구되었다. 그 결과 각각의 출처로부터 추출된 관련 지식들을 단편적으로 나열함으로써 샤리아의 유기적인 특성을 명확하게 드러내지 못하였다. 2권의 아랍어 연구 성과는 코란, 하디스, 순니 4대 법학파의 법적 견해로 이어지는 유기적이고 논리적인 연구를 뒷받침하는 근거로 활용되었다.
5 파리다를 코란 웹사이트에 입력한 결과 4개의 구절이 검색되었는데, 그중 제4장 11절과 제9장 60절은 종교적 의무, 신의 명령이란 의미로 사용되었다. 여기에 제시한 2개의 구절(제2장 236-237절, 제4장 24절)은 마흐르의 의미로 사용되었다.
6 그 외 코란 제2장(62절, 112절, 262절, 274절, 277절), 제3장(136절, 171절, 172절, 179절, 199절), 제4장(40절, 67절, 74절, 95절, 100절, 114절)에 언급된 아즈르(우주르)의 의미는 모두 보상이나 임금의 의미로 사용되었다.

ㅇ여성들에게 선물로 싸두까를 주라. 그녀들이 자신들의 것들 중 일부를 너희에게 기꺼이 단념한다면 이를 맛있게 먹어라(흔쾌히 받아라).(제4장 4절)

ㅇ너희가 그녀들에게 손을 대지 않았거나 (부부관계를 하지 않았거나) 파리다를 부과하고 이혼을 했다면 죄가 아니다. 부자는 그 능력대로 가난한 이는 그 능력대로 우호적으로 그녀들에게 보상하라. 이는 의로운 이들에 대한 의무이다. 그녀들에게 손을 대기 전이지만 이미 파리다를 부과했다면 너희가 부과했던 것의 절반을 지불해야 한다. 그러나 그녀들이 이를 면제하거나 결혼계약을 주관하는 이(후견인)가 면제한다면 예외이다. 그녀들이 용서하는 것은 경외심에 가장 가깝다. 너희들 간의 호의를 잊지 말라. 실로 알라는 너희가 행하는 것을 통찰하고 있다.(제2장 236-237절)

ㅇ이미 결혼한 여성들은 (금지되나), 너희의 오른손이 소유하고 있는 것(노예 여성)은 예외이다. 이것은 너희에게는 알라의 책(명령)이다. 그 외 돈으로 간음한 여성들이 아닌 이미 결혼했던 여성(미망인)을 원하는 것은 허용되었다. 너희가 그녀들로부터 즐거움을 누렸다면 그녀들에게 보상으로 파리다를 주어라. 너희가 파리다 이후에 서로 만족했다면 죄가 아니다. 알라는 전지전능하고 현명하다. 너희 가운데 순결하고 믿는 여성과 결혼할 수 없는 이는 너희의 오른손이 소유한 이들 가운데서 믿는 노예 여성과 결혼하라. 알라는 너희의 믿음을 가장 잘 알고 있

다. 너희는 모두 비슷하다. 그녀들 주인의 허락을 받아 그녀들을 결혼 시키고, 간음하지 않고 정부(애인)를 두지 않은 순결한 여성들처럼 우호적으로 그녀들에게 우주르를 주어라. 그녀들이 결혼을 하고 간음하였다면 순결한 여성에 대한 처벌의 절반을 받아야 한다. 이는 중죄를 두려워하는 너희를 위한 것이다. 인내하는 것이 더 좋다. 알라는 관대하고 자비로운 분이다.(제4장 24-25절)

ㅇ오늘 좋은 것이 너희에게 허락되었다. 성서가 주어진 사람들(성서의 백성들)의 음식이 너희에게 허락되었으며, 너희의 음식이 그들에게 허락되었다. 그리고 믿음이 있는 정숙한 여성들과 너희 이전에 성서가 주어진 사람들 중의 정숙한 여성들이(너희에게 허락되었다). 너희가 그녀들에게 우주르를 줄 때 적법한 결혼을 하고 간음하지 말며 내연의 처를 두지 말라. 믿음을 부정하는 이는 그의 일이 실패하게 되고 내세에서 실패자들 중의 하나가 될 것이다.(제5장 5절)

ㅇ믿는 이들이여, 믿는 여성들이 너희에게 도망쳐 온다면 그녀들을 시험해 보라. 알라는 그들의 믿음을 잘 알고 있다. 그녀들이 믿는 이들이라는 것을 너희가 알게 되었다면 불신자들에게 그녀들을 돌려보내지 말라. 그녀들은 그들에게 허락되지 않으며 그들은 그녀들에게 허락되지 않는다. 그들이 지불했던 것을 주어라. 너희가 그녀들에게 우주르를 준다면 그녀들과 결혼하는 것이 죄가 아니다. 그러나 불신자들과 결합하기 위해 붙잡지 말라(불신자들과 결혼하지 말라). 너희가 소비한

것을 (불신자들에게) 요구하고, (믿는 이들이) 그들(불신자들)이 소비한 것
을 요청하게 하라. 이것이 알라의 판결이다. 알라는 너희들 사이에서
판결한다. 알라는 전지전능하고 현명하다.(제60장 10절)

이상 7개의 코란 구절에 사용된 싸두까, 파리다, 우주르라는 낱말
은 마흐르와 동일한 의미를 가진 것으로 파악되었다. 이 외에도 선행
연구에서는 코란 제2장 229절과 제4장 19-20절에 사용된 '그대들이
그녀들에게 주었던 것'을 마흐르와 동일한 의미로 해석하였다(이상훈,
2016, 12쪽).

코란 구절에 언급된 마흐르 관련 내용을 정리하면 다음과 같다.

첫째, 코란에는 마흐르라는 낱말이 사용되지 않고 싸두까, 파리다,
우주르라는 낱말이 마흐르와 동일한 의미로 사용되었다. 둘째, 마흐
르는 결혼할 때 남성이 여성에게 의무적으로 주는 선물이다. 셋째,
이혼을 한 경우 신랑이 신부에게 각자의 능력대로 마흐르를 통해 보
상해야 한다. 넷째, 부부관계 이전에 이혼한 경우 마흐르를 주었다면
이의 절반은 여성의 몫이다. 그러나 여성이나 후견인이 이를 면제한
다면 주지 않아도 된다. 다섯째, 미망인에게도 부부관계를 한 경우 마
흐르를 주어야 한다. 여섯째, 성서의 백성들(그리스도교도, 유대교도 등)
여성에게도 마흐르를 주어야 한다.

이상과 같이 코란에서는 마흐르를 의무로 규정하면서도 남성이 여

우리나라에 이슬람이 소개되던 초창기에 마흐르가 신붓값(신부대금)이라는 용어로 해석되면서 돈 많고 호색적인 남성이 결혼을 빙자해 돈을 주고 여성을 매매하는 것으로 이해되었다. 이는 이슬람 세계의 남성과 여성 모두에 대해 부정적인 인식을 심어 주었다. 사진: 결혼식 모습(이집트 카이로)

성에게 언제 얼마를 주어야 하는지 등에 대해서는 구체적으로 언급하지 않았다.

3. 하디스의 마흐르 관련 순나

코란이 샤리아의 제1법원으로서 무슬림의 삶의 지침이 되지만, 포괄적이고 함축적인 의미로 인해 일상생활의 세세한 부분까지는 구체적으로 규정하지 못했다. 그 결과 무슬림이 사도 무함마드의 순나를 구체적인 행동 규범으로 삼게 되면서, 순나와 이를 기록한 하디스가 샤리아의 제2법원이라는 권위와 법적 구속력을 갖게 되었다. 따라서 무슬림은 코란에 의해 포괄적으로 계시된 마흐르의 세부적인 내용에 대해 순나(하디스)에서 답을 찾고자 노력하였다.

1) 순니 6서
하디스 웹사이트에 마흐르, 싸두까, 파리다, 우주르를 입력해 관련 구절을 검색하여 정리하였다.

첫째, 마흐르를 입력한 결과 다수의 구절이 검색되었으며, 대표적으로 몇 개의 구절을 소개하였다.

○바누 파자르 부족의 한 여인이 두 켤레의 샌들을 받고 결혼을 했다.

사도 무함마드가 "당신은 두 켤레의 샌들을 받은 것에 만족하나요?"라고 물었고, 그녀는 "그렇습니다."라고 대답했다. 이에 사도가 허락했다.… 학자들은 마흐르에 대해 의견이 달랐는데 수프얀 알사우리, 샤피이, 아흐마드 한발, 이스학과 같은 학자들은 마흐르를 결혼 당사자들이 만족하는 것이라고 말했다. 말릭 빈 아나스는 마흐르가 4분의 1디나르보다 적지 않아야 한다고, 쿠파의 일부 학자들은 10디르함보다 적지 않아야 한다고 말했다.(티르미디본 1113)

○아부 딸하가 움무 술라임에게 청혼하자 움무 술라임이 "당신이 싫지 않지만, 당신은 카피르(불신자)이고 나는 무슬림입니다. 내가 당신과 결혼하는 것은 허용되지 않습니다. 당신이 무슬림이 된다면 이슬람이 나의 마흐르이며, 나는 다른 것은 요구하지 않겠습니다."라고 말했다. 그(아부 딸하)가 무슬림이 되었고 그것이 그녀의 마흐르가 되었다. 사비트는 움무 술라임보다 더 고귀한 마흐르를 가진 여성을 본 적이 없다고 말했다. 그들은 결혼했고 아이를 가졌다.(나사이본 3341)

○사도 무함마드는 싸피야[7]를 노예에서 해방시켰고, 노예 해방이 그녀의 마흐르가 되었다.(나사이본 3343)

---

7 싸피야는 사도 무함마드가 629년 카이바르 지역에 거주하던 유대 부족과의 전투에서 승리한 뒤 데려온 전리품이었다. 사도는 그녀를 자신의 몫으로 선택한 후 이슬람으로의 개종을 권유했다. 그녀가 이슬람으로 개종하자 해방시키고 그녀와 결혼했다(최영길, 2001, 564쪽).

○사도 무함마드는 후견인(왈리)[8]의 허락 없이 결혼한 여성의 결혼은 무효라고 세 번 말했다. 그녀와 부부관계를 한 남자는 이에 대한 마흐르를 주어야 한다. 분쟁이 발생한다면 술탄이 후견인이 없는 이(그녀)의 후견인이다.(아부 다우드본 2083, 이븐 마자본 1879, 티르미디본 1102)

○사도 무함마드가 에티오피아 출신의 움무 하비바[9]와 결혼했다. 알나자쉬가 그녀를 결혼시켰고 4,000디르함을 마흐르로 지불했다. 알나자쉬는 그의 재산에서 돈을 준비했고 하사나의 아들인 슈르흐빌과 함께 돈을 보냈다. 그러나 사도 무함마드는 그녀에게 아무것도 보내지 않았다. 사도 부인들의 마흐르는 400디르함이었다.(나사이본 3350)

○안싸르 중 한 남자가 발이즐란의 여자와 결혼하고 신혼 초야를 보냈다. 아침에 그는 그녀가 처녀가 아니라고 말했고, 이 사안이 사도 무함마드에게 상정되었다. 사도는 그녀를 불러 이에 관해 물었고 그녀는

8 후견인(왈리)은 여성의 합법적 보호자로서 일반적으로 아버지, 가장 가까운 친척, 학식이 많은 친척, 지역의 통치자 등이 된다. 후견인은 결혼의 필수요소들 중 하나로 여겨지며, 강제적 후견인과 비강제적 후견인이 있다. 강제적 후견인은 법적 능력이 제한되어 있거나 법적 능력이 없는 사람에 대한 후견인으로서, 피후견인(처녀, 미성년자 등)의 승낙 없이도 결혼계약을 체결할 수 있다. 비강제적 후견인은 완전한 법적 능력을 가진 이들(노처녀, 미망인 등)의 후견인이며, 이러한 여성들의 경우에도 후견인에게 결혼계약의 권한을 위임하는 것이 관례였다. 일반적으로 법학자들은 스스로 결혼계약을 맺는 것은 바람직하지 않다고 본다(조희선, 2015, 202쪽; 최영길, 1985, 291-292쪽).
9 움무 하비바의 본명은 라믈라이다. 그녀는 남편인 우바이둘라를 따라 에티오피아로 이주했으며, 남편이 그리스도교로 개종을 하고 그녀에게도 개종을 강요하였으나 이슬람 신앙을 지켰다. 그녀의 남편이 사망하자 사도 무함마드는 에티오피아의 왕 네구스에게 서한을 보내 라믈라와의 결혼을 요구했고, 네구스 왕도 이에 동의하면서 그녀는 메디나로 돌아왔다(최영길, 2001, 564쪽).

자신이 처녀였다고 말했다. 사도는 두 사람에게 리안[10]을 명령했고, 그녀에게 마흐르를 주라고 명령했다. (이븐 마자본 2070)

둘째, 싸두까, 파리다, 우주르를 동일한 하디스 웹사이트에 입력하여 관련 구절을 검색하였으나, 마흐르의 의미로 사용되는 구절은 발견되지 않았다.

한편 하디스에서는 싸다끄가 마흐르의 개념으로 사용된 구절이 60여 개 발견되었으며, 대표적으로 몇 개만 소개하였다.

○사도 무함마드는 싸피야를 노예에서 해방시켰고, 그녀와 결혼했으며, 그녀의 노예 해방을 싸다끄로 만들었다. 그리고 그녀에게 연회를 베풀어 주었다. (부카리본 5169, 아부 다우드본 2054)

○아부 딸하가 움무 술라임과 결혼했고, 그들 간의 싸다끄는 이슬람이었다. 움무 술라임이 아부 딸하보다 먼저 무슬림이 되었고, 그가 그녀에게 청혼하자 그녀가 그에게 "내가 무슬림이 되었으니 당신이 무슬림이 된다면 결혼하겠다."고 말했다. 아부 딸하는 무슬림이 되었고 이슬람이 그들 간의 싸다끄가 되었다. (나사이본 3340)

---

10 저주라는 뜻이다. 남편이 아내의 부정을 4번 맹세하고 자신이 거짓말을 할 경우 신의 저주가 자신에게 떨어질 것이라고 맹세하는 한편, 아내도 자신이 진실을 말하고 있다고 4번 맹세하고 그렇지 않을 경우 신의 저주가 자신에게 떨어질 것이라고 맹세하는 것이다. 이렇게 하면 부부관계는 종료된다(조희선, 2015, 121쪽).

○사도 무함마드가 시가르[11]를 금지한 순나에 무삿다드가 다음 내용을 추가했다. 무삿다드는 나피으에게 시가르가 무엇이냐고 물었고, 나피으는 '그가 한 남자의 딸과 결혼을 하고 그의 딸이 싸다끄 없이 그 남자와 결혼을 하는 것이며, 한 남자의 여동생이 어떤 남자와 결혼을 하고 어떤 남자의 여동생이 싸다끄 없이 그 남자와 결혼하는 것'이라고 말했다.(아부 다우드본 2074)

○아부 살라마가 아이샤에게 사도 무함마드 부인들의 싸다끄는 얼마인지에 대해 물었다. 아이샤가 싸다끄는 12우끼야와 1낫쉬라고 말했는데, 그것은 500디르함이다.(이븐 마자본 1886)

2) 시아 4서

하디스에 기록된 마흐르 관련 구절 중 순니 6서와 중복되지 않은 내용을 일부 정리하였다.

○사도 무함마드는 자신의 딸인 파띠마를 30디르함에 달하는 파손된 갑옷을 받고 결혼시켰다.(푸루으 알카피, 792쪽)

---

11 시가르는 마흐르 없이 자신에게 딸(여동생)을 결혼시켜 주는 사람에게 자신의 딸(여동생)을 마흐르 없이 결혼시켜 주는 일종의 교환결혼이다. 쌍방이 마흐르를 지불했다면 결혼은 유효한 것이 되지만, 마흐르가 지불되지 아니했다면 이후에라도 결혼이 무효가 된다(최영길, 1985, 309-310쪽).

종교와 일상생활 모두에서 무슬림을 올바른 길로 인도하는 코란은 마흐르를 결혼할 때 남성이 무슬림 여성과 성서의 백성 여성에게 의무적으로 주는 금전적 또는 비금전적 선물이라고 규정하였다. 순나(하디스)에서는 코란에서 언급한 선물이라는 의미를 가치가 있는 모든 것(금, 은, 상품, 부동산 등), 당사자가 만족하는 모든 것, 코란 구절 암기나 교육, 이슬람으로의 개종, 노예 해방 등으로 구체화하였다. 사진: 결혼 예물(두바이 금시장)

○사도 무함마드가 싸두까는 무트아[12]든 아니든 많든 적든 사람들이 서로 만족하는 모든 것이라고 말했다.(푸루으 알카피, 793쪽)

○사도 무함마드는 마흐르에 관한 질문에 대해 사람들이 서로 만족하는 것, 12우끼야와 1낫쉬, 500디르함이라고 말했다.(우쑬 알카피, 793쪽)

○압둘하미드 알따이가 "제가 한 여자와 결혼을 하고 부부관계를 했지만 그녀에게 아무것도 주지 않았습니다."라고 말하자, 아부 압둘라가 "그것은 빚입니다."라고 말했다.(키탑 알이스팁싸르, 586쪽)

○아부 압둘라는 한 남자가 싸다끄를 정하지 않고 어떤 여자와 결혼해 부부관계를 했다면, 그것이 그녀의 싸다끄라고 말했다.(키탑 알이스팁싸르, 588쪽)

○아부 알둘라는 부부관계가 없었다면 마흐르가 의무가 되지 않는다는 말을 들었다고 말했다.(키탑 알이스팁싸르, 589)

○알샤이크가 마흐르는 금, 은, 상품, 부동산 중 가치가 있는 모든 것이라고 말했다.(키탑 타흐딥 알아흐캄, 1392쪽)

○알샤이크가 그것을 대신해 아즈르가 될 수 있는 것은 상품, 코란 구절을 가르치는 것, 코란 구절이라고 말했다.(키탑 타흐딥 알아흐캄, 1392)

---

12 이득을 얻는 것, 무엇인가를 즐기는 것이란 뜻이며, 일정한 보수를 대가로 특정 기간 동안 맺는 임시혼 또는 계약혼의 형태이다. 이슬람 이전 시대의 관행이었던 무트아 결혼은 이슬람 초기에 군사 원정을 가는 남성들에게 일시적으로 허용되었다. 시아 자으파리 법학파를 제외한 다른 법학파들은 무트아를 금지하고 있다(조희선, 2015, 207-208쪽).

순니 6서와 시아 4서에는 코란에 의해 의무가 된 마흐르에 관해 더욱 구체적인 규범들이 언급되었으며, 특이 사항은 다음과 같다.

(1) 하디스(순니, 시아)에서는 마흐르, 싸두까, 싸다끄, 아즈르라는 낱말이 사용되었다.

(2) 마흐르의 최소치(1/4디나르, 10디르함)에 대한 언급이 있으나, 결혼 당사자들이 만족한다면 그 무엇이든 가능하다.

(3) 이슬람으로의 개종이 마흐르가 될 수 있다.

(4) 노예 해방이 마흐르가 될 수 있다.

(5) 후견인(왈리)의 허락이 없는 경우 결혼이 무효가 되지만, 부부관계를 한 경우에는 마흐르를 지불해야 한다.

(6) 사도 무함마드는 부인들에게 400디르함의 마흐르를 지불했다.

(7) 리안에 의해 이혼이 된 경우라도 부부관계를 하였다면 마흐르를 지불해야 한다.

(8) 마흐르 없이 하는 결혼은 시가르(임시혼, 교환혼)이며, 이는 무효이다.

(9) 결혼 후 부부관계를 했다면 남편은 아내에게 마흐르를 지불해야만 한다. 그렇지 않으면 빚이 된다.

(10) 마흐르를 정하지 않고 결혼을 했고 부부관계를 했다면 아내에게 마흐르를 주지 않아도 된다.

(11) 부부관계를 하지 않았다면 마흐르는 의무가 아니다.

(12) 마흐르는 가치가 있는 것이면 무엇이든 가능하다.

(13) 코란 구절을 교육하는 것이나 코란 구절도 마흐르가 될 수 있다.

코란과 하디스에 언급된 마흐르에 관한 규범들 중 상호 연관성이 있는 것을 정리해 보면 다음과 같다.

(1) 코란에서는 마흐르란 낱말이 사용되지 않았으나, 하디스에서는 마흐르란 낱말이 사용되었다.

(2) 코란에서는 마흐르를 남편이 아내에게 주는 선물이라고 했는데, 하디스에서는 이를 이슬람으로의 개종, 노예 해방, 결혼 당사자들이 만족한다면 무엇이든, 가치가 있는 것(금, 은, 상품, 부동산 등)이면 무엇이든, 코란 구절을 교육하는 것이나 코란 구절 자체 등으로 선물의 종류들을 구체적으로 언급하였다.

(3) 코란에서는 마흐르의 액수를 언급하지 않았으나, 하디스에서는 1/4디나르보다 적지 않아야, 10디르함보다 적지 않아야, 4,000디르함, 400디르함, 샌들 두 켤레, 12우끼야와 1낫쉬, 500디르함, 30디르함에 달하는 파손된 갑옷 등으로 구체적인 액수나 물품을 제시하였다.

(4) 코란에서는 마흐르를 의무라고 규정하였다. 하디스에서는 부부관계를 한 경우 아내가 처녀가 아니든 무효화된 결혼이든 마흐르는 의무가 되지만, 부부관계를 하지 않았다면 마흐르는 의무가 아니라고

하였다. 부부관계 후 마흐르를 지불하지 않았다면 이는 아내에 대한 남편의 빚으로 남게 된다. 결혼계약 시 마흐르를 정하지 않고 부부관계를 한 경우에는 마흐르를 지불하지 않아도 된다.

(5) 코란에서는 아내가 남편에게 마흐르를 돌려준다거나 면제해줄 수 있다는 언급이 있으나, 하디스에서는 이에 대한 언급이 없다.

(6) 코란에서는 무슬림뿐만 아니라 성서의 백성에 대한 마흐르 규범이 언급되었으나, 하디스에서는 무슬림에 대한 마흐르 규범에 집중하였다.

4. 순니 4대 법학파의 마흐르 관련 법적 견해

순니 4대 법학파는 마흐르와 동일한 의미로 싸다끄라는 낱말을 사용했으며, 마흐르는 결혼계약 때 남성이 쾌락의 보상으로 여성에게 지불해야만 하는 돈을 의미한다고 보았다. 법학파가 공통으로 주장하는 마흐르의 조건은 다음과 같다.

첫째, 마흐르는 가치가 있는 것이어야 한다. 한 톨의 밀알처럼 가치가 없고 보잘것없이 작은 것, 한없이 크거나 한없이 작은 것은 허용되지 않는다. 둘째, 마흐르는 정결한 것이어야 한다. 술, 돼지(고기), 피, 죽은 동물은 마흐르로 허용되지 않는다. 이런 것들은 샤리아에서 금지된 것이어서 가치가 없는 것이다. 이들의 일부가 다른 사람들에게 가치가 있다고 하더라도 무슬림이 이들을 소유하는 것은 허용되지 않는다. 마흐르가 특별히 금과 은이어야 한다는 조건은 없으며 가치가 있는 동물, 땅, 집도 허용된다. 코란 교육[13]과 같이 유익한 것도 허용된다.[14]

순니 4대 법학파는 마흐르의 개념과 종류, 마흐르의 소유권, 이혼 시 마흐르의 선물이나 판매, 마흐르의 소멸, 마흐르가 외상일 때의 증가나 감소, 마흐르의 선불과 후불, 마흐르 없는 부부관계 금지, 남편의 마흐르 지불 능력 부재, 비밀과 공개 마흐르 등에 관해 매우 세부적인 규범들을 제정하였다. 여기서는 이미 제기된 문제와 관련된 마흐르의 액수, 소유권, 선불과 후불, 남편의 지불 능력 부재에 관한 순니 4대 법학파의 법적 견해를 정리하였다.

13 코란 구절의 암기나 교육이 마흐르가 되는지에 대해서는 다양한 견해가 공존하고 있다. 일부 법학자들은 결혼의 마흐르는 돈이어야 하며, 코란은 돈이 아니므로 마흐르가 되지 못한다고 주장한다. 또 다른 법학자들은 코란을 가르치고 일정한 보수를 받는 것은 정당하고 마흐르가 되지만, 이때 코란의 장과 절을 명시해야 한다고 주장한다. 일부 법학자들은 불신자에게 코란 교육을 마흐르로 주는 것은 허용되지만, 구약성서나 신약성서 교육을 마흐르로 주는 것은 허용되지 않는다고 주장한다. 또 다른 법학자들은 허용된 직업이나 기술로부터 나오는 급여나 수당 등의 이익이 마흐르가 될 수도 있다고 주장한다.

14 『여성의 물질 권리』(아랍어)에서는 가치가 한정되고 평가되는 것, 소유가 허용된 것, 형태와 종류를 구체적으로 명시한 것, 법적으로 정한 한도보다 적지 않은 것을 마흐르의 조건으로 제시했다.

1) 마흐르의 액수

법학파들은 마흐르가 결혼의 필수 요소이지만 결혼계약[15]의 필수 요소는 아니라고 보았다. 결혼계약 당시에 마흐르를 명시하지 않았다고 하더라도 여성이 마흐르를 받을 권리가 있으며, 결혼계약에는 아무 문제가 없다는 입장이다. 결혼계약서에 마흐르를 명시하지 않았다면 사회적으로 비슷한 지위의 사람이 받는 상응 마흐르를 받을 수 있고, 명시하였다면 명시 마흐르를 받을 수 있다.[16] 이와 관련된 법학파들의 법적 견해를 표로 작성해 보면 다음과 같다(이상훈, 2016, 20-21쪽 재인용).[17]

15 결혼계약서에는 정부에서 부여한 등록번호, 등록연월일, 결혼등록인(마우준)의 이름과 법원 이름, 신랑의 신상정보(결혼상태, 건강상태, 법적 · 사회적 지위, 어머니의 이름 등), 신부의 신상정보(신랑과 동일한 내용), 마흐르의 조건과 액수, 결혼의 적법성을 확인하는 문구, 증인의 신상정보, 신혼집의 가구의 소유와 이혼 시 재산의 귀속 사항, 부인의 동의하에 이루어진 이혼이 아닌 경우 마흐르 외 부양금 지급, 결혼 후 부인의 교육권과 노동권, 이동의 자유, 남편의 중복 결혼 시 현 부인에게 행해야 하는 고지의 의무, 여성의 이혼 제기권(쿨으) 등이 기록된다. 결혼계약서는 3장이 작성되고, 1장은 신랑 측이, 1장은 신부 측이, 1장은 결혼등록인이 결혼 사실을 등록하기 위해 보관한다(엄익란, 2007, 137-139쪽).
16 마흐르에는 정당한 결혼계약으로 의무가 되는 명시 마흐르(알싸다끄 알무삼마)와 유효한 결혼이든 무효한 결혼이든 욕망으로 인한 것이든 부부관계로 의무가 되는 상응 마흐르(마흐르 알미슬)의 두 가지 종류가 있다(조희선, 2015, 184-186쪽; 이상훈, 2016, 20쪽). 명시 마흐르는 정당한 결혼계약, 부부관계, 칼와(마흐람이 아닌 두 남녀가 밀폐된 공간에 있는 것)에 의해 의무가 된다고 보았으며, 칼와 상태에 있었다고 하더라도 접촉이 없었다면 남성이 완전한 마흐르를 지불하지 않는다. 상응 마흐르는 종교, 미모, 처녀성, 가문(혈통), 돈, 국가, 자매, 아버지, 어머니, 숙모 등을 고려하여 책정된다. 여성의 처녀성은 결혼계약서 작성 시 마흐르 결정에 영향을 미친다. 결혼 첫날밤 신부의 처녀성이 의심받을 경우 여성은 남편에게 버림받거나 자신의 가족에 의해 명예살인을 당하기도 한다. 신부가 초혼일 경우 재혼일 때보다 마흐르를 더 많이 받는 것도 이와 무관하지 않다(엄익란, 2007, 68-69쪽).
17 마흐르의 최소 금액에 대해 한도가 있다는 주장과 한도가 없다는 주장이 공존하고 있다. 일부 학자들은 법적으로 정한 한도보다 적지 않아야 한다고 주장한 반면에, 일부 학자들은 많든 적든 한도가 없다고 주장한다. 마흐르의 최대 금액에 대해서는 한도가 없지만, 사도

		순니 4대 법학파			
		하나피	말리키	샤피이	한발리
마흐르의 한도139	최소	10 디나르 또는 10 디르함	금화 1/4 디나르, 은화 3 디르함	최소치 없음	최소치 없음
	최대	최대치 없음(공통)			
상응 마흐르의 산정		남성 쪽으로 비슷 한 사회적 지위를 가진 여성에 준해	여성의 지적·육 체적 수준에 따라	여성의 남성 친척 (신부 오빠의 아내 등)이나 여성의 자 매에 준해	여성의 여성 친척 에 준해
실수에 의한 부 부관계 시의 마 흐르		상응 마흐르			
금지된 마흐르를 결혼계약서에 명 시한 경우		결혼계약 유효, 상 응 마흐르 지급	결혼계약 무효, 마 흐르 미지급	결혼계약 유효, 상 응 마흐르 지급	결혼계약 유효, 상 응 마흐르 지급

2) 마흐르의 소유권

법학파들은 정당한 결혼계약일 경우 마흐르는 여성의 소유가 되지만,[18] 여성이 마흐르를 판매하거나 선물로 주거나 저당을 잡히거나, 부부관계 이전에 남성에게 주고 이혼한 경우와 상황에 따라 소유권 전부나 절반을 상실할 수도 있다는 공통된 견해를 제시하였다. 경우와 상황에 대해서는 각 법학파마다 독자적인 견해를 제시하였다.

무함마드의 순나인 400디르함이나 500디르함을 넘지 않는 것이 좋다는 데 대부분의 법학자들이 동의하고 있다.
18 마흐르를 누가 수령하는가에 대해서는 이견이 있다. 샤피이 법학파와 한발리 법학파는 신부가 처녀든 미망인이든 수령인은 신부 본인이라고 주장하며, 하나피 법학파와 말리키 법학파는 신부가 처녀인 경우 그녀의 아버지가 수령인이 될 수 있다고 주장한다.

(1) 하나피 법학파

부부관계 이전에 이혼한 경우, 여성이 마흐르를 수령하였다면 남성은 마흐르를 돌려받을 수 없다. 여성이 마흐르를 수령하지 않았다면 남성은 여성에게 절반이나 전부를 주어야 한다. 이혼의 원인이 여성 때문이라면 마흐르는 모두 남성의 것이 되며, 마흐르를 기부한 상태에서 이혼한 경우 마흐르는 남성의 소유가 된다.

마흐르가 말(馬)이고 여성에게 이를 양도하지 않은 상태에서 부부관계 이전에 이혼한 경우, 남성은 말의 절반을 판매할 수 있다. 여성이 말을 수령하였고 부부관계 이전에 이혼한 경우, 남성은 여성의 동의나 법원의 판결 없이도 말의 절반을 판매할 수 있다. 여성이 말을 수령한 것이 정당한 결혼계약에 따른 것이라면 남성은 말을 판매할 수 없다.

여성은 마흐르를 수령한 이후에 법원의 판결이나 남성의 동의가 없이도 전부나 일부를 처분할 수 있다. 부부관계 없이 이혼한 경우에도 여성이 마흐르를 수령한 날로부터 원래 가격의 절반은 여성의 몫이 된다. 여성이 마흐르를 수령한 이후 가치가 증가했다 하더라도 남성에게 이에 대한 권리는 없다. 남성에게는 원래 가치의 절반에 대한 권리만 있다.

여성이 마흐르를 수령하기 전에 판매하거나 선물로 주는 것은 유효하다. 부부관계 이전에 이혼한 경우 판매 가격의 절반은 여성의 권리이다. 마흐르를 판매할 때 20디나르였던 것이 이후에 10디나르로 가치가 하락했다 하더라도 여성은 판매 당시 가격의 절반인 10디나르를 남성에게 돌려주어야 한다. 마흐르의 절반은 남성의 권리이기 때문이다.

여성이 마흐르를 누군가에게 선물로 주었다면 정당하며, 후견인이나 다른 사람이 이를 막을 권리는 없다. 여성이 다른 사람이나 남편에게 마흐르를 선물로 주었다면 이는 유효하다. 그녀가 다른 사람에게 마흐르를 선물로 주고 그것을 그 사람이 수령했으며 부부관계 이전에 이혼한 경우, 남편은 마흐르의 절반을 여성에게 주어야 한다. 마흐르가 현금이든 금화든 차이는 없다. 그녀가 외국인에게 마흐르를 선물로 준 경우 남편은 마흐르의 절반을 그녀에게 주어야 한다. 여성이 남편에게 마흐르를 선물로 준 경우 또한 유효하다. 마흐르가 현금이었고 여성이 마흐르를 수령한 후 전부를 남편에게 선물로 준 경우 여성은 이를 돌려받을 수 없다. 부인이 남편에게 준 선물은 남편이 부인에게 준 선물과 같기 때문이다. 부부관계 이전에 이혼하였고 그 이후에 여성이 마흐르를 남편에게 선물로 주었다면, 남성은 이를 여성에게 돌려줄 필요가 없다. 마흐르는 선물로서 남편의 권리가 되기 때문이다.

부부관계 이전에 이혼한 경우 마흐르의 절반은 남성의 권리가 된다. 여성이 마흐르 전부를 남성의 집에 준 경우 마흐르의 절반은 남성의 몫이다. 여성의 마흐르가 1,000주나이흐이고 그녀가 이를 수령한 뒤 남성의 집에 주었고 부부관계 이전에 이혼한 경우, 마흐르의 절반인 500주나이흐는 남편의 권리가 된다. 여성이 마흐르를 수령하기 전에 1,000주나이흐를 남편에게 선물로 주었고 부부관계 이전에 이혼한 경우, 남성은 여성에게 아무것도 돌려줄 필요가 없다. 여성이 1,000주나이흐를 수령한 뒤 500주나이흐를 남편에게 선물로 주었고 부부관계 이전에 이혼한 경우, 남편과 여성은 각자에게 500주나이흐를 돌려줄 필요가 없다. 여성이 절반을 수령하고 수령한 전부를 남편에게 선물로 주었고 부부관계 이전에 이혼한 경우, 양측은 이를 돌려줄 필요가 없다. 그러나 여성이 마흐르의 전부를 수령한 뒤 절반보다 적은 것을 남편에게 선물로 주었다면 절반이 채워지는 것만큼 돌려주어야 한다. 여성이 마흐르를 남편에게 판매하였고 부부관계 이전에 이혼한 경우, 남편은 여성에게 지불했던 가치의 절반이 아니라 그것을 수령한 날의 절반의 가치를 그녀에게 주어야 한다.

마흐르는 결혼계약서에 명시된 상품이거나 명시되지 않은 상품이어도 유효하다. 여성이 마흐르로 수령한 상품의 절반을 남편에게 선물로 주었고 부부관계 이전에 이혼한 경우, 남편은 여성에게 이를 돌려주지 않아도 된다. 남편은 이혼으로 인해 마흐르의 절반에 대한 권리를 갖기 때문이다. 여성이 마흐르를 수령한 뒤 절반보다 적은 것을 남편에게 선물로 주고 부부관계 이전에 이혼한 경우, 여성은 남편에게 절반이 되도록 나머지 부분들을 채워 주어야 한다. 마흐르가 양이나 무게로 측정할 수 있는 것이고 결혼계약서에 명시된 것이라면 상품과 같이 취급된다. 마흐르가 명시되지 않았고 여성이 이를 수령하기 전에 남편에게 선물로 준 경우 이를 돌려주지 않아도 되지만, 여성이 이를 수령한 후에 남편에게 선물로 주었다면 남편은 이를 돌려주어야 한다.

(2) 말리키 법학파

결혼계약을 하게 되면 마흐르의 절반은 여성의 소유가 된다. 일부 법학자들은 여성이 마흐르를 수령하기 전이나 이후에 마흐르 전부를 마음대로 사용할 수 있다고 보는데, 이는 마흐르를 여성의 소유라고 보기 때문이다. 또 다른 일부 법학자들은 결혼계약만으로 여성이 소유하는 것은 없으며, 부부관계 이전에 이혼한 경우 마흐르의 절반은 여성의 권리가 되고 절반은 남성의 권리가 된다고 주장한다. 여성이 마흐르 전부에 대한 우선권을 갖지만, 이혼을 하게 되면 절반의 소유권만 인정된다는 것이다. 또 다른 법학자들은 여성이 결혼계약으로 마흐르의 전부에 대한 권리를 갖게 되어 이를 판매하거나 선물로 주거나 노예를 해방시킬 수도 있다고 본다. 여성이 마흐르 전부에 대한 완전한 권리를 갖는다고 보기 때문이다.

법학자들은 여성이 보상이 아닌 성격으로 마흐르를 소유하였고 그것이 상응 마흐르라면, 절반의 권리는 남편에게 있다고 주장한다. 여성이 받은 마흐르가 보상의 성격이고 판매할 수 있는 동물, 농작물, 집이며 부부관계 이전에 이혼한 경우, 이의 절반은 남편의 권리라고 주장한다.

(3) 샤피이 법학파

법학자들은 여성이 마흐르를 수령하지 않은 경우 이에 대한 완전한 소유권을 갖지 않는다고 주장한다. 마흐르가 상품이나 동물, 양이나 무게로 측정되는 것이면, 여성은 이를 판매하거나 선물로 주거나 저당을 잡히거나 임대할 수 있다. 마흐르가 양이나 무게로 측정되는 것이 아닌 경우, 여성이 이를 수령하기 전에 판매하는 것이 허용된다. 일부 법학자들은 정당한 결혼계약에 의해 여성이 마흐르를 완전하게 소유한다고 본다. 이때는 소유자가 자신이 원하는 대로 마흐르를 사용하는 것이 정당하다. 그러나 여성이 마흐르를 수령하기도 전에 마음대로 처분하는 것은 정당하지 않으며, 마흐르를 수령한 이후에야 여성의 소유권은 강화되어 이를 자신의 마음대로 처분할 수 있다.

법학자들은 여성이 마흐르를 수령하기 전에 남편이 마흐르를 자신의 관할하에 두고 마음대로 처분하는 것은 정당하지 않다고 본다. 여성이 마흐르를 수령한 이후에 남편에게 선물로 준다고 약속을 하였고 부부관계 이전에 이혼한 경우, 남편은 선물로 받은 것에 대해서는 완전한 권리를 가진다. 마흐르가 상응 마흐르인 경우 이의 절반은 남편의 권리이며, 부부관계 이전에 이혼한 경우 여성이 나머지 절반의 권리를 가진다. 법학자들은 여성이 남편에게 마흐르를 선물로 준 경우와 다른 사람에게 선물로 준 경우의 차이는 없다고 본다.

(4) 한발리 법학파

법학자들은 여성이 마흐르를 판매할 수도 있고 선물로 줄 수도 있고 저당을 잡힐 수도 있으며, 마흐르를 수령한 뒤 마음대로 처분하는 것이 유효하다고 본다. 부부관계 이전에 이혼한 경우, 남편에게는 상응 마흐르의 절반에 대한 권리가 있다. 여성이 마흐르를 수령하기 전이라 하더라도 마흐르가 동물이나 옷감처럼 명시되었다면 이를 마음대로 처분할 수 있으며, 마흐르가 명시되지 않았다면 이를 마음대로 처분할 수 없다.

여성이 마흐르를 수령하기 전에 남편에게 이를 선물로 주었거나 남편에게 마흐르를 면제해 주었으며 부부관계 이전에 이혼한 경우, 남편은 절반의 마흐르를 여성에게 주어야 한다. 여성이 마흐르의 절반을 남편에게 선물로 주었고 부부관계 이전에 이혼한 경우, 남편에게는 이의 절반에 대한 권리가 있다.

3) 마흐르의 선불과 후불

법학파들은 마흐르의 선불과 후불이 허용된다는 데 공통의 견해를 제시하면서도,[19] 법학파마다의 독자적인 견해를 제시한다.

(1) 하나피 법학파

법학자들은 마흐르 전부에 대한 선불과 후불뿐만 아니라 일부에 대한 선불과 후불도 허용한다. 마흐르의 지불 기간은 비가 올 때까지나 여행객이 올 때까지 연기하겠다는 것처럼 불명확하거나 불합리하지 않아야 한다. 마흐르의 일부는 지불하고, 일부는 1년이나 2년 뒤로 지불을 연기한다거나, 마흐르 전부를 2년 전후로 지불하겠다는 것은 유효하다. 마흐르의 전부나 일부의 지불 시기를 사망이나 이혼 때까지, 폭행을 당하는 때까지, 50년마다 부분으로 나누어서 지불하겠다는 것도 유효하다. 마흐르의 절반은 선불로, 1/4은 사망 때나 이혼 때에 후불로, 1/4은 4년마다 나누어 지불하는 것도 유효하다. 이처럼 마흐르의 지불 시기를 후불로 명시한 경우 수확한 농작물(면화, 포도, 수박 등)로 지불하는 것도 가능하다. 마흐르의 지불 시기가 명시된 경우

---

19 일부 법학자들은 마흐르를 지불하기 전에는 부부관계를 하지 않는 것이 순나이고, 부부관계 이전에 또는 이혼이나 사망과 관계없이 마흐르 전부를 지불하는 것이 바람직하며, 특별한 사정없이 마흐르의 지불을 연기하는 것은 혐오스런 일이라고 주장한다.

이를 판매하는 것이 유효하지만, 시기가 명시되지 않은 경우 이를 판매하는 것은 유효하지 않다. 마흐르가 현금, 상품, 동물인지에 따른 선불과 후불의 차이는 없다.

(2) 말리키 법학파

법학자들은 마흐르가 결혼계약서에 명시된 것, 명시되지 않은 것, 화폐인 것 모두 선불과 후불을 허용한다. 마흐르 전부를 사망 때나 이혼 때 후불로 지불하겠다는 것은 유효하고, 절반은 사망 때나 이혼 때 지불하고 나머지 절반은 선불로 지불하거나 2년 후나 2달 후에 지불하는 것도 유효하다. 마흐르의 전부나 일부를 지불 시기가 명시되지 않은 상태로 결혼계약에 서명한 경우 계약은 무효가 된다. 그러나 마흐르 지불 시기의 명시를 망각하였거나 부주의로 누락한 경우라면 지불 시기가 명시되지 않았다고 하더라도 결혼계약은 인정된다. 마흐르의 지불 시기가 명시된 경우 부부관계 때까지 지불이 연기될 수 있다. 마흐르를 상품, 동물, 옷감, 부동산처럼 명시하였다면 결혼계약을 하는 나라에 있는 것이든 없는 것이든, 결혼계약을 후견인이 했든 여성이 직접 했든, 성인이든 아니든, 남성은 여성에게 이를 지불해야 한다. 결혼계약서에 마흐르의 후불을 조건으로 하지 않았지만 여성이 이에 동의한 경우 지불 연기가 허용된다. 결혼계약서에 마흐르의 후불을 조건으로 하였다면 계약은 무효가 된다. 마흐르로 명시한 물건이 나라 안에 없지만 너무 멀지 않은 지역에 있어 남성이 이 물건을 가까운 기간 이내에 획득할 수 있다면 결혼은 유효하다. 마흐르가 너무 먼 지역에 있는 것이면 결혼은 유효하지 않다. 명시된 마흐르가 너무 멀지 않은 지역에 있어 후불이 허용된 경우, 마흐르를 획득하여 인도하기 전에 부부관계를 해야만 하고, 마흐르를 여성이나 후견인에게 미리 공개해야 한다.

(3) 샤피이 법학파

법학자들은 지불 시기가 명시되는 것을 조건으로 마흐르의 후불을 허용한다. 마흐르의 후불은 전부나 일부 모두 가능하다. 지불 시기를 언급하지 않고 농작물 수확기나 비가 많이 내릴 때 마흐르를 주고 결혼하겠다는 결혼계약은 무효이며, 이때 여성은 상응 마흐르를 받는다.

(4) 한발리 법학파

법학자들은 마흐르의 전부나 일부에 대한 후불을 허용하는데, 여행자가 올 때까지나 많은 비가 내릴 때까지처럼 시기가 불명확하지 않아야 함을 조건으로 한다. 되돌릴 수 있는 이혼[20]의 경우 잇다가 경

---

20 이슬람은 부부가 두 번째 이혼까지는 잇다 기간 동안 다시 결혼 절차를 진행하지 않고도 재결합할 수 있도록 허용한다. 잇다 후에는 새로운 결혼계약서가 요구된다. 세 번째의 이혼 후에는 아내가 다른 남성과 결혼하여 부부관계를 갖고 난 이후 이혼한 경우에만 재결합이 허용된다.

과된 이후에야 마흐르를 줄 수 있다. 마흐르의 후불이 유효한 경우, 일부는 후불로 일부는 선불로 주는 것이 유효하다. 절반은 선불로 주고 절반은 이혼 때나 사망 때 후불로 줄 수 있으며, 일정한 몫으로 나누어 정해진 날짜에 지불하는 것도 가능하다.

4) 남편이 마흐르를 지불할 능력이 없는 경우

법학파들은 남편이 마흐르를 지불할 능력이 없는 경우 부인에게 결혼계약의 취소를 요청할 권리가 있다는 공통된 견해를 제시하면서도, 법학파마다의 독자적인 법적 견해를 제시하고 있다.

(1) 하나피 법학파

남편이 마흐르를 지불할 능력이 없거나 모든 재산을 탕진한 경우에도 여성에게는 결혼을 취소할 권리가 없다고 보았다.

(2) 말리키 법학파

부부관계 이전에 여성이 결혼계약서에 명시하지 않은 마흐르의 후불을 요청하였을 때, 남편은 마흐르를 지불할 능력이 없음을 법원에 소송할 수 있다. 이때 그의 주장이 명백하면 부인의 동의가 필요하고, 그의 주장이 명백하지 않으면 판관이 지불을 강제하지는 않지만 후불 기간을 1년 내외로 정하게 된다. 기간이 만료되었는데도 남편이 이를 지불하지 못하면 판관은 지체 없이 이혼을 판결하는데, 부부관계 이전에는 이혼이 가능하지만 부부관계 이후에는 마흐르를 지불할 능력이 없다고 해서 이혼할 수는 없다.

(3) 샤피이 법학파

남편이 마흐르를 지불할 능력이 없다면 여성은 참고 견디거나 결혼 무효를 요구할 수 있으며, 이때 몇 가지 조건이 충족되어야 한다. 첫째, 여성이 자유민이어야 한다. 노예는 남편이 마흐르를 지불할 능력이 없을 때 결혼 무효를 주장할 권리가 없다. 둘째, 여성이 성인이어야 한다. 미성년자는 결혼 무효를 요구할 권리가 없으며 이런 경우 후견인에게 그 권리가 있다. 셋째, 부부관계 이전이어야 한다. 여성이 선택해 부부관계를 한 경우 그녀에게 결혼 무효를 요구할 권리는 없다. 넷째, 남편의 지불 능력 부재가 확실하면 판관의 결정에 따라야 하고, 남편이 사라져 연락이 끊기고 돈이 전혀 없다면 결혼이 무효가된다. 다섯째, 판관에게 상정되어야 한다. 판관은 남편의 지불 능력 부재를 확인하기 위해 3일 동안 기다리며, 4일째 아침에 결혼 무효를 판결한다. 남편이 사라져 연락이 끊기고 돈이 하나도 없는 경우 판관은 판결을 기다리지 않는다.

(4) 한발리 법학파

남편이 마흐르를 지불할 능력이 없다는 것이 확실하다면 다음과 같은 조건하에 결혼이 무효화된다. 첫째, 여성이 성인이어야 한다. 미성년자인 경우 그녀에게 결혼 무효를 요구할 권리가 없으며 후견인에게도 이러한 권리는 없다. 둘째, 여성이 자유민이어야 한다. 셋째, 여성이 남편의 능력 부재를 알지 못해야 한다. 남편이 마흐르를 지불할 능력이 없다는 것을 알고도 결혼한 경우 부부관계 이후라 하더라도 여성에게는 결혼 무효를 요구할 권리가 없다.

순니 4대 법학파는 코란과 하디스(순나)에 의해 남성의 의무이고 여성의 권리로 규정된 규범을 마흐르의 최소와 최대 금액, 상응 마흐르 산정, 마흐르의 소유권, 마흐르의 선불과 후불, 남편이 마흐르를 지불할 능력이 없는 경우로 세분해 매우 구체적인 법적 견해를 제시하였다. 법학파들은 결혼계약 시 마흐르를 정함으로써 의무가 되기도 하며(명시 마흐르), 마흐르를 정하지 않았다고 하더라도 부부관계를 통해 의무가 되기도 한다(상응 마흐르)고 보았다. 부부관계 없이 이혼한 경우에도 명시 마흐르나 상응 마흐르의 절반은 여성의 권리라고 보았다. 법학파들은 마흐르의 전부 또는 일부에 대해 선불과 후불을 인정했다. 이와 같은 법적 견해들을 통해 여성의 권리를 충분히 보장하면서도, 남성의 부담을 경감시킬 수 있는 방안을 모색하였다. 순니 4대 법학파들은 위와 같은 공통의 견해를 제시하고 있지만, 세부적으로는 매우 상반된 견해를 포함한 다양한 법적 견해들을 제시하였다. 이들 모두는 코란과 순나(하디스)를 바탕으로 한 법해석 노력(이즈티하드)으로 생산된 규범으로써 무슬림에 의해 샤리아로 인정되고 있다.

5. 마흐르는 신부의 권리

우리나라에 이슬람이 소개되던 초창기에 마흐르가 신붓값(신부대금)이라는 용어로 해석되면서 돈 많고 호색적인 남성이 결혼을 빙자해 돈을 주고 여성을 매매하는 것으로 이해되었다. 이는 이슬람세계의 남성과 여성 모두에 대해 부정적인 인식을 심어 주었다. 결혼지참금, 혼납금, 혼례금이라는 용어들이 사용되고 있는데, 이러한 용어들 모두 마흐르의 의미와 목적을 정확히 전달한다고 보기 어렵다. 따라서 마흐르를 신붓값, 결혼지참금, 혼납금, 혼례금이라는 용어로 사용하기보다는, 마흐르라는 아랍어 용어를 사용하면서 이에 대해 정확한 설명을 덧붙이는 것이 오해나 왜곡을 바로잡는 방법이라고 생각된다.

종교와 일상생활 모두에서 무슬림을 올바른 길로 인도하는 샤리아의 제1법원인 코란은, 마흐르를 결혼할 때 남성이 여성(무슬림, 성서의 백성)에게 의무적으로 주는 금전 또는 비금전 선물이라고 규정하였다. 마흐르는 신랑이 신부에게 주는 선물이고[21] 신부의 권리임을 천명한 것이다. 코란에 이어 샤리아의 제2법원인 순나(하디스)에서는 코란에서 언급한 선물이라는 의미를 가치가 있는 모든 것(금, 은, 상품, 부동산 등), 당사자가 만족하는 모든 것, 코란 구절의 암기나 교육, 이슬람으로의 개종, 노예 해방 등으로 구체화하였다. 이 외에도 순나(하디스)는 마흐르의 구체적인 액수를 언급하였고, 결혼계약 시의 마흐르 명시 유무나 부부관계 유무와 관련된 다양한 상황을 통해 마흐르의 의무가 발생하는 경우를 구체적으로 언급하였다. 그럼에도 불구하고 코란과 순나(하디스)의 규범은 방대한 이슬람세계의 요구를 모두 충족하기에는 역부족이었다.

이에 법학파들은 코란과 순나(하디스)에서 규정하였던 마흐르 관련 내용을 현실세계에 적용하기에 충분하도록 세부적으로 다루었다. 특히 마흐르의 소유권에 대해, 정당한 결혼계약으로 마흐르가 명시된 경우 여성이 이를 판매하거나 선물로 주거나 저당을 잡힐 수도 있다

21　『여성의 물질 권리』(아랍어)에는 마흐르에 대한 다양한 정의가 언급되고 있다. "마흐르는 결혼생활의 시작을 알리고, 부인의 삶을 성실히 보살피겠다는 상징으로 남편이 부인에게 주는 선물이다." "마흐르는 부부 간의 사랑을 심화시키기 위해 여성에게 주는 선물이다." "마흐르는 남성이 주는 의무적이고 상징적인 선물이다". 순니 4대 법학파 또한 다음과 같은 정의를 하고 있다. "마흐르는 즐거움(만족감)의 보상으로 부인에게 돈을 지정하는 것이다." (말리키 법학파), "마흐르는 결혼, 부부관계, 이혼에 의해 의무가 되는 것이다." (샤피이 법학파), "마흐르는 남편이 결혼을 통해 얻게 되는 이득에 대해 결혼계약으로 의무가 되는 돈이다." (하나피 법학파), "마흐르는 결혼계약 때 명시되고 그때 명시되지 않았던 사람을 위해 이후에 명시된 보상이다." (한발리 법학파). 그 외에도 "마흐르는 결혼에 동의한 여성에 대한 남성의 배려이다."(Ihsan Ali alKatib, 2013, p.7)라는 주장도 있다.

고 보면서도, 부부관계 유무나 마흐르의 선불 또는 후불 등에 따른 다양한 견해를 제시하였다. 이와 같은 제정 과정과 세부 규범을 통해 샤리아는 마흐르가 신랑의 의무이고 신부의 권리라는 측면을 강조하였다. 두 사람이 만족하고 합의한다면 마흐르의 의무와 권리라는 성격이 완전히 소멸할 수 있다는 것도 지적하였다.

마흐르가 여성의 권리이듯, 여성은 마흐르를 받아서 결혼생활 동안의 경제적 자립심을 유지하고 이혼이나 남편 사망 시의 어려움을 극복하는 데 사용할 수도 있으며, 남편에게 이를 선물로 주거나 면제해 줄 수도 있다. 마흐르의 수용 여부 또한 여성의 권리인 것이다. 대다수 무슬림은 샤리아가 정한 마흐르 규범 내에서 상호 신뢰를 바탕으로 한 결혼생활을 희망하고 있다. 너무 비싼 마흐르와 결혼 비용으로 인해 일부 무슬림 남성이 외국인 여성과의 결혼을 선호한다는 뉴스는 사실일 수 있지만, 부분적인 현상을 이슬람세계 전체의 문제로 일반화하는 것은 바람직하지 않다.

부록

코란 114개 장의 특징

장번호	장의 명칭	구절 수	계시 장소	계시 순서
1	알파티하(시작)	7	메카	5
2	알바까라(암소)	286	메디나	87
3	알이므란(이므란 가문)	200	메디나	89
4	알니사으(여성들)	176	메디나	92
5	알마이다(식탁)	120	메디나	112
6	알안암(가축)	165	메카	55
7	알아으랍(아으랍)	206	메카	39
8	알안팔(전리품)	75	메디나	88
9	알타우바(회개)	129	메디나	113
10	유누스(요나)	109	메카	51
11	후드(에벨)	123	메카	52
12	유숩(요셉)	111	메카	53
13	알라아드(천둥)	43	메디나	96
14	이브라힘(아브라함)	52	메카	72
15	알히즈르(히즈르)	99	메카	54
16	알나흘(꿀벌)	128	메카	70
17	알이스라으(밤 여행)	111	메카	50
18	알카흡(동굴)	110	메카	69
19	마르얌(마리아)	98	메카	44
20	따하(따하)	135	메카	45
21	알안비야으(예언자들)	112	메카	73
22	알핫즈(순례)	78	메디나	103
23	알무으미눈(신자들)	118	메카	74
24	알누르(빛)	64	메디나	102
25	알푸르깐(구별)	77	메카	42
26	알슈아라으(시인들)	227	메카	47

27	알나믈(개미)	93	메카	48
28	알까싸스(이야기)	88	메카	49
29	알안카부트(거미)	69	메카	85
30	알룸(로마인들)	60	메카	84
31	루끄만(루끄만)	34	메카	57
32	알사즈다(엎드려 절하기)	30	메카	75
33	알아흐잡(연합)	73	메디나	90
34	사바으(시바)	54	메카	58
35	파띠르(창조자)	45	메카	43
36	야 신(야 신)	83	메카	41
37	알쌒파트(줄 지어 있는 자)	182	메카	56
38	싸드(싸드)	88	메카	38
39	알주마르(그룹)	75	메카	59
40	가피르(용서하는 자)	85	메카	60
41	풋씰라트(설명되었다)	54	메카	61
42	알슈라(협의)	53	메카	62
43	알주크룹(금 장식)	89	메카	63
44	알두칸(연기)	59	메카	63
45	알자시야(무릎 꿇기)	37	메카	64
46	알아흐깝(모래 언덕)	35	메카	66
47	무함마드(무함마드)	38	메디나	95
48	알파트흐(정복)	29	메디나	111
49	알후주라트(방들)	18	메디나	106
50	까프(까프)	45	메카	34
51	알다리야트(흩뜨리는 바람)	60	메카	67
52	알뚜르(뚜르 산)	49	메카	76
53	알나즘(별)	62	메카	23
54	알까마르(달)	55	메카	37
55	알라흐만(가장 자비로운 분)	78	메디나	97
56	알와끼아(일어난 일)	96	메카	46

57	알하디드(철)	29	메디나	94
58	알무자달라(토론하는 여성)	22	메디나	105
59	알하슈르(집합)	24	메디나	101
60	알뭄타하나(검증 받는 여성)	13	메디나	91
61	알쌉프(전투 대열)	14	메디나	109
62	알줌아(금요일)	11	메디나	110
63	알무나피꾼(위선자들)	11	메디나	104
64	알타가분(손익)	18	메디나	108
65	알딸락(이혼)	12	메디나	99
66	알타흐림(금지)	12	메디나	107
67	알물크(소유)	30	메카	77
68	알깔람(펜)	52	메카	2
69	알학까(피할 수 없는 시간)	52	메카	78
70	알마아리즈(승천)	44	메카	79
71	누흐(노아)	28	메카	71
72	알진느(진)	28	메카	40
73	알무잣밀(옷을 둘러 쓴 자)	20	메카	3
74	알뭇닷시르(덮어 쓴 자)	56	메카	4
75	알끼야마(부활)	40	메카	31
76	알인산(인간)	31	메디나	98
77	알무르살라트(보냄을 받은 자)	50	메카	33
78	알나바으(긴박한 소식)	40	메카	80
79	알나지아트(혼을 빼앗아 가는 자)	46	메카	81
80	아바사(찡그렸다)	42	메카	24
81	알타크위르(어둠에 가리워짐)	29	메카	7
82	알인피따르(쪼개짐)	19	메카	82
83	알무땁피핀(사기꾼들)	36	메카	86
84	알인시깍(산산이 갈라짐)	25	메카	83
85	알부루즈(별자리)	22	메카	27
86	알따릭(따릭 별)	17	메카	36

87	알아을라(지고하신 분)	19	메카	8
88	알가시야(섬뜩하게 하는 사건)	26	메카	68
89	알파즈르(새벽)	30	메카	10
90	알발라드(읍, 소도시)	20	메카	35
91	알샴스(태양)	15	메카	26
92	알라일(밤)	21	메카	9
93	알두하(아침)	11	메카	11
94	알샤르흐(마음을 엶)	8	메카	12
95	알틴(무화과)	8	메카	28
96	알알락(응혈)	19	메카	1
97	알까드르(권능의 밤)	5	메카	25
98	알바이나(명백한 증거)	8	메디나	100
99	알잘잘라(지진)	8	메디나	93
100	알아디야트(질주하는 여성)	11	메카	14
101	알까리아(강타)	11	메카	30
102	알타카수르(축재)	8	메카	16
103	알아쓰르(오후)	3	메카	13
104	알함자(중상하는 자)	9	메카	32
105	알필(코끼리)	5	메카	19
106	꾸라이시(꾸라이시부족)	4	메카	29
107	알마운(도움)	7	메카	17
108	알카우사르(풍부)	3	메카	15
109	알카피룬(불신자들)	6	메카	18
110	알나쓰르(승리)	3	메디나	114
111	알마사드(마사드)	5	메카	6
112	알이클라쓰(진심)	4	메카	22
113	알팔락(동틀녁)	5	메카	20
114	알나스(인류)	6	메카	21

순니 하디스 6서의 주제들

부카리본	무슬림본	나사이본	아부 다우드본	티르미디본	이븐 마자본
계시 시작	믿음	청결	청결	청결	청결과 순나
믿음	청결	물	쌀라(예배)	예배	예배
지식	생리	생리	기우 예배	위트르 예배	아잔과 순나
우두으	예배	구슬과 타얌뭄	여행 중의 예배	금요 예배	모스크와 집회
구슬	모스크와 예배 장소	예배	자발적 예배	두 명절	예배의 근행과 순나
생리	여행자의 예배와 예배의 단축	예배 시간	라마단	여행	장례
타얌뭄	금요 예배	아잔	코란 낭송	자카트	단식
예배	두 명절의 예배	모스크	위트르 예배	단식	자카트
예배 시간	기우 예배	끼블라 (예배 방향)	자카트	핫즈(대 순례)	결혼
아잔	일식(월식)	이마마(통치)	주은 물건	장례	이혼
금요 예배	장례	예배 시작	순례 의식	결혼	속죄(물)
두려움의 예배	자카트	타뜨빅	결혼	수유	무역
두 명절	단식	예배의 망각	이혼	이혼과 저주 (리안)	규범
위트르 예배	이으티캅	금요 예배	단식	판매	선물
기우 예배	핫즈	예배의 단축과 여행 중의 예배	지하드	사도의 판결	싸다까(자선)
일식(월식)	결혼	일식(월식)	희생물	디야(몸값)	담보
코란 경배	수유	기우 예배	사냥	핫드(후두드)	선매
예배 단축	이혼	경외 예배	유언	사냥, 도살	주은 물건
밤샘 예배	리안(저주)	두 명절 예배	미덕	희생물	노예 해방
메카와 메디나 모스크에서의 예배 장점	노예 해방	밤 예배와 자발적인 낮 예배	이탈, 이마라(통치), 전리품	경고, 맹세	핫드(후두드)
예배의 행동	판매	장례	장례	원정	디야(몸값)
예배의 망각	관개	단식	맹세와 경고	지하드의 미덕	유언
장례	종교적 의무	자카트	판매	지하드	미덕

자카트	선물	대 순례 의식	대부	의복	지하드
핫즈(대 순례)	유언	지하드	판결	음식	업적
우므라(소 순례)	경고	결혼	지식	음료	희생물
순례 시 금지된 것	맹세	이혼	음료	선함과 사도의 특성	도살
사냥에 대한 처벌	맹세, 전사, 끼싸쓰, 디야	말	음식	의학	사냥
메디나의 미덕	핫드(후두드)	감금	의학	사도의 미덕	음식
단식	판결	유언	예언과 나쁜 징조	유언	음료
타라위흐 예배	주은 물건	예물	노예 해방	충성, 선물	의학
권능의 밤의 미덕	지하드와 원정	선물	글자와 낭송	운명	의복
이으티캅	이마라(통치)	루끄바(기부)	목욕탕	피트나(분쟁)	예절
판매	사냥, 도살, 동물들 중 먹을 수 있는 것	우므라 (소 순례)	의복	꿈	두아으 (간구 기도)
선물 구매	희생물	맹세와 경고	머리 빗기	증언	꿈 설명
슈프아(선매권)	음료	농업	반지	금욕주의	피트나(분쟁)
대여	의복과 치장	10명의 여성	피트나와 전투	심판의 날의 특성, 선함, 경건한 신앙	금욕
하왈라(송금)	예절	피 금지	마흐디 (구세주)	천국의 특성	
보증	인사	전리품의 분배	전투들	지옥의 특성	
대리인	예의바른 말	바이아 (충성 맹세)	핫드(후두드)	믿음	
농업	시	아끼까	디야	지식	
관개	꿈	파르으, 아티라	순나	허락, 예절	
대부	미덕	사냥과 도살	예절	사도의 예절	
논쟁, 소송	싸하바의 미덕	희생물		사도에 관한 속담	
주운 물건	선함, 유대관계, 예절	판매		코란의 미덕	
억압, 학대	운명	맹세		낭송	
동업	지식	절도범의 절단		코란 탑시르	

저당, 담보	(알라를) 언급, 기도, 회계, 용서	믿음과 샤리아		다으와	
노예 해방	선함	치장		사도의 공적	
서신 왕래	회개	판관의 예절			
선물의 장점과 선동	위 선 자 들 의 특성과 규범	알라의 보호			
증언	최후 심판의 특성, 천국, 지옥	음료			
화해	천국, 천국의 특성, 천국의 사람들				
조건	피트나, 심판의 날의 징조				
유언	금욕주의와 동정심				
지하드와 원정	탑시르				
쿰스의 의무					
지즈야와 무와다아					
창조의 시작					
예언자들의 이야기들					
(사도와 싸하바의) 업적들					
사도의 교우들의 미덕					
안싸르의 업적					
사도의 군사원정					
탑시르					
코란의 미덕					
결혼					
이혼					
부양					
음식					
아끼까					
도살과 사냥					

희생물					
음료					
환자					
의학					
의상					
예절					
허락					
초대					
선함					
까다르(운명)					
맹세와 경고					
맹세의 속죄					
종교적인 의무					
핫드(후두드)					
디야(몸값)					
배교					
혐오					
책략					
해몽					
피트나(분쟁)					
판결					
소망					
사람들에 대한 소식					
코란과 순나에 대한 보호					
타우히드 (신의 유일성)					

시아 하디스 4서의 주제들

우쑬 알카피	만 라 야흐두루후 알파끼흐	키탑 알이스팁싸르	키탑 알타흐딥
지식	쌀라(예배)	청결: 물과 규범	청결
타우히드(신의 유일성)	자카트	우물(샘) 규범	쌀라
권위	단식	우두으	자카트
역사	재판과 규범	구슬	핫즈
믿음과 불신앙	생활	불결한 상태	사도 무함마드
두아으(간구 기도)	결혼	생리	무역
코란	이혼	타얌뭄	결혼
관계	핫드(후두드)	불결한 의복과 몸을 청결하게 하는 법	이혼
청결	디야(몸값)	장례	노예 해방, 관리, 기록
생리	의무와 상속	예배	맹세, 경고, 불신앙
장례		여행 시 예배	사냥과 도살
예배		예배 시간	와끄프와 싸다까
여행		끼블라(예배 방향)	유언
자카트		예배 방법	의무와 상속
푸루으 알카피		루쿠으와 수주드	핫드(후두드)
싸다까(자선)		알라에 대한 복종	디야
단식		무관심과 망각	
여행		예배 시 허용되는 것과 의복과 장소에서 허용되지 않는 것	
핫즈(대 순례)		예배가 중단되는 경우와 중단되지 않는 경우	
사냥		집회와 규범	
방문		두 명절 시의 예배	

지하드		일식 예배	
생활		장례 예배	
결혼		자카트	
아끼까		이드 알피뜨르 자카트	
이혼		단식	
노예 해방, 관리, 기록		단식이 무효되는 경우	
사냥		여행 규범	
희생물		이으티캅	
음식		핫즈	
곡물		이흐람의 특징	
과일		회피가 금지인 경우	
음료		불신앙이 금지인 경우	
술		따와프	
치장, 화장, 여성다움		사이	
가축		도살	
유언		이발	
상속		순례 시 돌을 던지는 행위	
핫드(후두드)		핫즈 의무예배	
디야(몸값)		순례 여성과 관계된 것들	
증언		기타	
재판과 규범		우므라	
맹세, 경고, 불신		지하드	
수유		부채	
		증언	
		재판과 규범	
		이득	
		판매	
		결혼	
		무트아(임시혼)	

		알라가 허용하는 계약과 금지하는 계약	
		수유	
		노예 소녀와의 계약	
		마흐르	
		보호자(후견인)	
		결혼	
		청혼	
		이혼: 결혼 취소	
		이혼 형식	
		이혼	
		이혼의 횟수	
		리안(저주)	
		노예 해방	
		관리	
		맹세, 경고, 불신앙	
		경고	
		불신앙	
		사냥과 도살: 물고기 잡이	
		사냥	
		음식과 음료	
		와끄프와 싸다까	
		유언: 고백	
		의무	
		핫드(후두드)	
		중상모략	
		술의 해악	
		절도	
		디야(몸값)	
		각 부위별 몸값	

주요 용어 및 개념

구슬: 물로 온몸을 씻는 세정(대정)

까다르: 운명이란 뜻이며, 신이 정한 명령(정명)

까디: 판관, 판사

끼블라: 무슬림의 예배(기도) 방향이며, 이슬람 초기 2년 동안은 예루살렘이었으나 그 이후부터 현재까지는 사우디아라비아 메카의 카으바신전

끼싸스: 보복, 처벌이라는 뜻이며, 살인에는 살인 상해에는 상해로 보복하는 동형동태의 처벌

끼야스: 유추란 뜻이며, 원전(코란, 하디스)에 판결이 없는 새로운 사안을 동일한 합법적 이유를 가진 원전의 사안으로 판결하는 것

끼탈: 싸움, 투쟁이란 뜻이며, 전투 및 성전

니야: 의도, 의지, 소망이라는 뜻이며, 모든 종교 의례(예배, 순례 등)에 앞서 표명하는 명시적 또는 묵시적 의도

다이프: 약한이란 뜻이며, 5가지 기준(전언가 계보의 연속성, 전언가의 정직성, 내용의 정확성, 다른 하디스와의 일치성, 숨겨진 결점 없음과 같음) 중 하나 또는 다수를 충족하지 못하는 하디스

두아으: 개별적이고 자발적인 간구 예배(기도)

디야: 피의 값이라는 뜻이며, 상해나 살해에 대한 보상금이나 위자료(몸값)

딤미: 협약(계약)을 맺은 사람이란 뜻이며, 유대교도, 그리스도교도, 조로아스트교도처럼 이슬람세계에서 자신들의 종교적 자유를 누리는 대신 인두세(지즈야)를 내는 사람들

따와프: 순회, 왕복 여행이란 뜻이며, 카으바신전을 왼편에 두고 시계 반대 방향으로 일곱 차례 순회하는 의례

라마단: 이슬람력의 9번째 달로써, 코란이 첫 번째로 계시된 달을 기념하는 단식의 달

라으이: 의견, 견해라는 뜻이며, 법학자 개인의 의견

라크아: 몸을 구부림, 무릎을 꿇음이란 뜻이며, 예배할 때 행하는 순서 및 절차. 예배마

다 라크아의 횟수가 다른데, 파즈르 때는 2번, 두흐르와 아쓰르 때는 4번, 마그립 때는 3번, 이샤으 때는 4번을 행함

리바: 이자, 고리라는 뜻이며, 부당하게 자산이 증가하거나 감소되는 일체의 상행위

리안: 저주, 비난의 맹세라는 뜻이며, 남편이 아내가 부정하다고 4번 맹세를 하면서 자신의 말이 거짓이라면 저주가 내려도 좋다고 하고, 부인도 이를 부인하는 4번 맹세를 하면서 자신의 말이 거짓이라면 저주를 받아도 좋다고 하면 이혼이 성립됨

마드합: 행동의 길, 과정, 방식, 철학, 법, 교리, 주의, 법학파 등과 같은 다양한 의미로 해석되나, 주로 법학파를 의미함

마왈리: 주인, 보호자라는 뜻이며, 역사적으로는 이와는 반대로 보호 받는 낮은 신분인 자로서 비아랍 이슬람교도를 의미함(유대교도, 그리스도교도, 조로아스트교도 등)

마크루마: 인간이 하기를 바라는 고상한 행위나 상황

마크루흐: 인간이 하지 않기를 바라는 혐오스런 행위나 상황

마튼: 등, 갑판, 몸체, 텍스트라는 뜻이며, 하디스에서 사도 무함마드의 순나

마흐디: 인도된이란 뜻으로, 최후의 심판이 오기 전 최종의 시간에 잠깐 동안 정의를 회복하기 위해 나타날 것이라 믿는 인물(구세주)

마흐람: 금지된, 성스런, 결혼할 수 없는 뜻이며, 성숙한 여성이 함께 앉아 있는 것이 허용될 정도로 가까운 남성 가족 및 친척(아버지, 아들, 친오빠, 남동생, 할아버지, 삼촌, 조카 등)을 말하고, 이들과는 결혼이 금지됨

마흐르: 신부값, 대속물, 속죄라는 뜻이며, 코란은 마흐르를 신랑이 신부에게 지불하는 선물로 정의하고, 순나(하디스)는 마흐르를 가치가 있는 모든 것(금, 은, 상품, 부동산 등), 당사자가 만족하는 모든 것, 코란 구절의 암기나 교육, 이슬람으로의 개종, 노예 해방 등과 같이 구체적으로 명시함

만둡: 인간이 하기를 바라는 권장 행위나 상황

맘룩: 소유된 자라는 뜻이며, 10세기경부터 이슬람세계의 군인 엘리트층을 형성한 백인 노예로서 맘룩조(1250-1517)를 건설함

무스타합: 인간이 하기를 바라는 권장 행위나 상황

무슬림: 이슬람교도(이슬람 신자)로 알라에게 절대적으로 복종하는 사람

무아와다: 보답, 보상이란 뜻이며, 공정하게 대접 받을 권리와 타인을 공정하게 대할 책임을 지는 상호 호혜성 원칙

무앗진(무앗딘): 아잔(아단)을 하는 사람

무왓따으: 잘 다져진 길이란 뜻으로, 말리키 법학파의 이맘 말릭이 편찬한 최초의 하디스

무으타질라: 분리된 이들, 이탈한 이들이란 뜻으로, 순수한 이성에 기초한 사변적 종교 사항을 제일 중시하는 초기의 신학자들

무자히드: 노력하는 사람, 투쟁하는 사람이란 뜻이며, 지하드하는 사람

무즈타히드: 이즈티하드(법적 해석을 위한 최대한의 노력)를 하는 사람으로서, 순니에서는 정통칼리파(아부바크르, 우마르, 우스만, 알리)를 포함하는 싸하바(교우)와 법학파(법학자)이며, 시아에서는 이맘과 법학파(법학자)

무타와티르: 연속의 뜻이며, 전언가 계보의 모든 단계에서 거짓을 말한다고 생각할 수 없는 전언가들의 수가 많은 하디스

무트아: 이득을 얻는 것, 무엇인가를 즐기는 것이란 뜻이며, 일정한 보수를 대가로 특정 기간 동안 하는 임시혼 또는 계약혼

무프티: 법적 견해(파트와)를 내는 사람이란 뜻이며, 이슬람 법학자를 의미함

무하지룬: 이주한 사람들이란 뜻이며, 622년 사도 무함마드를 따라 메카에서 메디나로 이주한 사람들

미나렛: 모스크의 일부를 구성하는 첨탑으로써 무앗진이 아잔을 하는 곳이며, 등대(미나라)에서 유래됨

미으라지: 사다리라는 뜻이며, 621년 어느 한 밤중에 사도 무함마드가 천마 부라끄를 타고 메카의 하람성원에서 예루살렘의 악싸사원으로 날아가(이스라으), 바위돔(황금돔)을 밟고 7층 하늘을 여행(승천)함

미흐랍: 모스크 내에 끼블라(메카의 카으바신전) 방향으로 만들어진 아치형 홈

민바르: 이맘이나 설교자가 설교(쿠뜨바)를 하는 모스크 내의 설교단

밀라: 종교, 신조, 신앙, 종파, 종교 집단이란 뜻으로, 아브라함의 종교(신앙)라는 합성어로 사용됨

법학파: 공통의 법적 견해를 가진 법학자들의 집단으로서, 주요 법학파로는 하나피, 말리키, 샤피이, 한발리, 자히리(이상 순니), 자으파리, 자이디(이상 시아), 이바디 법학파가 있음

비드아: 새로운 것, 혁신, 개혁이라는 뜻으로, 선례가 없거나 코란이나 순나에 반하는 것(이단)

사도(라술): 절대자의 계시를 경전의 형태로 전달하고 적용하는 방법을 보여주는 이들(모세, 예수, 무함마드 등)

사이: 카으바신전 근처에 있는 사파와 마르와 사이를 7차례 빠른 걸음으로 왕복하는 순례 의식

샤리아: 마실 수 있는 물의 발원지(로 가는 길), 올바른 길이란 뜻으로, 모든 무슬림들이 따라야만 하는 믿음과 실천의 지침 및 기준(도덕, 관습, 법 등)

샤이크(셰이크): 노인, 부족의 장로, 종교적으로나 공공의 측면에서 권위를 가진 자에 대한 존칭

샤하다: 증언, 신앙, 순교라는 뜻이며, 사람들 앞에서 '알라 외에 신은 없고, 무함마드는 알라의 사도'라는 구절을 큰 소리는 외치는 신앙의 증언

수피: 양털 옷을 입은 사람이란 뜻으로, 수피즘을 실천하는 사람

수피즘: 이슬람의 한 분파로써, 지크르(주문)와 사마으(청악)를 통한 이슬람 대중화 운동

순나: 무슬림공동체(움마)의 관습이나 전통 또는 사도 무함마드의 말, 행동, 결정사항(침묵)

순니: 순나를 따르는 사람이란 뜻으로, 정통칼리파를 사도 무함마드의 합법적 후계자(칼리파)로 인정하는 사람들

술탄: 이슬람 전제군주의 칭호로써, 셀죽조, 맘룩조, 오스만제국에서 사용함

슈우비야: 대중의, 민중의 뜻이며, 아랍 무슬림 및 아랍인 우월주의에 대한 비아랍 무슬림의 평등(저항) 운동

시가르: 교환 결혼

시르크: 우상 숭배 및 다신론 사상

시아: 시아 알리(알리의 당)에서 유래된 말로, 사도 무함마드의 합법적 후계자로 사촌이며 제4대 정통칼리파인 알리를 인정하고 이맘의 무요류성을 믿는 사람들

싸다까: 자발적 자선

싸하바: 동료라는 뜻으로, 사도 무함마드의 교우들이며 사도를 한 번이라도 보았던 사람들

싸히흐: 올바른의 뜻이며, 5가지 기준(전언가 계보의 연속성, 전언가의 정직성, 내용의 정확성, 다른 하디스와의 일치성, 숨겨진 결점 없음과 같음)을 충족하는 하디스

쌀라: 하루 다섯 번 정해진 시간에 정해진 절차에 따라 행하는 예배

아끼까: 아이가 태어난 지 7일째 되는 날 양을 잡아 출생을 축하하는 잔치를 하면서 신생아에게 이발을 시키고 이름을 지어주는 의식

아우라: 결함, 불완전함, 음부라는 뜻이며, 외간남성들 앞에서 가려야만 하는 부끄러운 곳(얼굴, 발등, 손발톱, 머리카락 등)

아으랍: 천국과 지옥 사이에 있는 격벽으로, 선행과 악행이 동일한 사람이 알라의 심판을 받기 전까지 머무는 곳

아잔(아단): 이슬람의 하루 다섯 차례 예배 시간을 알리는 소리

아하드: 고립된, 혼자의란 뜻이며, 전언가 계보의 각 단계에 있는 전언가들의 수가 무타와티르의 최소수에 달하지 못하는 하디스

안싸르: 원조자들이란 뜻으로, 622년 히즈라(메카에서 메디나로의 이주) 당시 메디나에서 사도 무함마드와 무하지룬들에게 도움을 주었던 메디나 주민들

알라: 바로 그 신이란 뜻으로, 무슬림이 신봉하는 절대자

예언자(나비) : 절대자의 계시를 단순히 전달한 이들(노아, 아브라함, 욥 등)

와끄프: 경건한 일이나 공공의 선한 일에 쓰도록 유언이나 증여를 통해 이슬람국가에 영구히 재산을 기증하는 것이며, 이 재산은 아우까프라는 정부 부서가 관리함

와집: 인간이 반드시 해야만 하는 의무 행위

왈리: 조력자, 후원자, 후견인이라는 뜻이며, 미성년자 및 노예의 후견인

우두으: 청결을 뜻하며, 예배를 하기 전에 정해진 순서에 따라 물로 손, 얼굴, 머리, 발을 씻는 세정(소정)

우므라: 소 순례라고 하며, 핫즈(대 순례) 기간(이슬람력 12월 7일~12일) 이외에 행하는 임의적인 순례

우쑬 알피끄흐: 이슬람 법리론

울라마: 지식인들 및 학자들이란 뜻이며, 이슬람학자들을 의미함

움마: 혈연과 지연의 유대감이 아닌 이슬람의 가르침에 입각해서 형성된 무슬림공동체 또는 이슬람공동체. 민족이나 국가라는 뜻으로도 사용됨

위트르 예배: 홀수라는 뜻으로, 밤예배(이샤으) 이후 새벽예배(파즈르) 사이에 하는 기도 중 홀수 번에 해당하는 자발적인 예배

이드 알아드하: 희생제, 대제라 불리며, 이슬람력 12월 10일에 열리는 이슬람 최대 명절

이드 알피뜨르: 단식종료제, 소제라 불리며, 이슬람력 9번째 달인 라마단 한 달 동안의 단식 이후에 10월 1일부터 3일 동안 열리는 이슬람 명절

이맘: 인도하는 사람, 지도자란 뜻이며, 무슬림공동체의 수장, 사도 무함마드의 계승자,

알리와 그의 자손들, 유명한 이슬람학자 및 법학자에 대한 존칭

이스나드: 전언, 전승이라는 뜻이며, 하디스의 전승자 계보

이스티크바르: 우월감, 자만, 오만이라는 뜻이며, 남성이 여성보다, 내가 타인보다 우월하다는 인식

이즈마으: 원전(코란과 하디스)에 규정되지 않은 새로운 사안 발생 당시 무슬림사회(움마) 다수의 합의

이즈티하드: 무즈타히드가 코란, 순나(하디스)를 토대로 법 해석을 하려는 최대한의 노력

이프타르: 아침, 단식 깨기라는 뜻이며, 라마단 단식을 깨는 행위 또는 라마단 기간 중 낮 시간 동안의 단식 후 첫 번째로 먹는 음식

이흐람: 성스런 상태로 만들기라는 뜻이며, 순례(핫즈, 우므라)를 하기 위한 상태 및 순례 때 입는 의복

일라으: 맹세란 뜻이며, 남편이 4개월 이상 동안 부부관계를 하지 않겠다고 하는 맹세

일부사처제: 모든 부인들에게 공정하고 공평한 대우와 분배의 조건을 충족할 경우에만 허용되는 제한적 결혼제도로서, 쌍방의 동의에 의해 한 남성에게 1명, 2명, 3명 또는 4명의 부인까지를 허용하는 선택적 결혼제도

잇다: 무슬림 미망인의 재혼 금지 기간

자카트: 순결, 정결, 정직, 자선, 의로움이라는 뜻이며, 무슬림의 다섯 가지 의무들(샤하다, 예배, 자카트, 단식, 순례) 중 하나로서 순 소득의 2.5%를 냄

자힐리야: 무지, 우매라는 뜻이며, 이슬람 정신이 부재한 상태

정통칼리파: 올바르게 인도된 칼리파들이란 뜻이며, 632년 사도 무함마드 사망 후 그를 계승한 4명의 후계자들(아부바크르, 우마르, 우스만, 알리)

지나: 간통, 간음이라는 뜻이며, 일체의 비합법적인 성 행위

지즈야: 비무슬림 성인 남성들에게 부과된 인두세

지하드: 노력, 투쟁이란 뜻이며, 알라의 길에서 이슬람과 무슬림공동체를 위해 열심히 노력하고 투쟁하는 모든 행위

카와리지: 뛰쳐나간 사람들이란 뜻이며, 제4대 정통칼리파 알리의 협상 태도에 불만을 품고 진영에서 이탈해 종파를 결정함

카프드: 여성할례

카피르: 불신자 및 이교도

칼랄라: 주요 상속자가 없이 사망한 사람의 형제자매

칼리파: 후계자, 계승자라는 뜻이며, 사도 무함마드 사후의 계승자. 정통칼리파 시대, 우마이야 시대, 압바스 시대의 통치자들이 사용함

칼와: 사생활, 고립의 뜻이며, 마흐람이 아닌 두 남녀가 밀폐된 공간이 있는 것

코란: 이슬람의 경전. 아랍어 발음은 꾸르안이며 낭송이라는 뜻으로 샤리아의 제1법원

쿰스: 5분의 1의 뜻이며, 전리품들 중 칼리파나 술탄에게 제공되는 5분의 1의 몫

키탄: 남녀 할례

타끌리드: 모방, 수용이란 뜻이며, 샤리아의 선례들을 합법적인 것으로 보고 그대로 수용하고 모방하는 사고방식

타끼야: 신념, 생각, 감정들을 숨김이란 뜻이며, 시아 무슬림이 생존과 종교적 신념을 보존하기 위해 위험한 경우 자신의 신앙을 감추는 행위

타비운: 추종자들, 계승자들이란 뜻이며, 사도 무함마드의 교우인 싸하바를 추종하는 사람들(세대)

타얌뭄: 물이 없을 경우 흙, 모래, 돌 등으로 하는 세정 의식

타우히드: 알라 외에 신은 없고 알라는 한 분뿐이라는 신의 유일성과 일체성

타으지르: 비난, 징벌이라는 뜻이며, 판관의 재량권이 허용되는 범죄

타크비르: 확대, 과장, 칭송이라는 뜻이며, '알라후 아크바르(알라는 가장 위대하다)'라고 외치는 행위

탑시르: 설명, 주석이라는 뜻이며, 코란에 대한 의견, 설명, 배경 지식과 주해

파트와: 샤리아 전문가인 무프티의 공식적인 법적 견해

피뜨라: 천성이란 뜻이며, 창조주 알라가 인간을 창조할 때 준 특별한 천성(본성)

하니프: 정통, 진실한 신앙이라는 뜻이며, 유대교도, 그리스도교도와 같은 일신론자

하디스: 사도 무함마드의 순나를 기록한 책으로서, 순니 6서(부카리, 무슬림, 아부 다우드, 티르미디, 나사이, 이븐 마자)와 시아 4서(알카피, 만 라 야흐두루후 알파끼흐, 키탑 알이스팁싸르, 키탑 알타흐딥)

하람: 인간에게 금지된 행위나 상황

하산: 좋은이란 뜻이며, 5가지 기준(전언가 계보의 연속성, 전언가의 정직성, 내용의 정확성, 다른 하디스와의 일치성, 숨겨진 결점 없음과 같음) 중 내용의 정확성에만 다소 문제가 있는 하디스

할랄: 인간에게 허용된 행위나 상황

핫드(후두드): 경계, 한계라는 뜻이며, 배교죄, 간통(간음)죄, 음주 및 주류 생산죄, 위증(중
상모략)죄, 절도죄, 강도죄, 국가반역죄와 같이 코란이나 하디스(순나)에 행위와 처
벌이 명백히 규정되어 있는 범죄

핫즈: 무슬림의 다섯 가지 의무들 중 능력이 허락하는 한 평생에 한 번은 사우디아라비
아 메카를 순례하는 것이며, 이슬람력 12월 7일부터 12일까지 행하는 순례(대 순례)

히잡: 장막, 커튼, 칸막이라는 뜻이며, 현재는 무슬림 여성이 외출 시 머리에 착용하는
베일을 의미함

히즈라: 이주라는 뜻이며, 사도 무함마드와 무하지룬들이 메카에서 메디나로 이주한 사
건으로, 이슬람력(히즈라력)의 기원(622년)

참고문헌

〈한국어 자료〉

공일주(2008). 『꾸란의 이해』, 서울: 한국외국어대학교 출판부.

공일주(2010). 『이슬람 율법』, 살림.

김남일(2014). "구약성서에 나타난 할례의 의미변천에 관한 연구", 『한국기독교신학논총』 92(1).

김대성(2004). "터키의 가족법", 『지중해지역연구』 제6권 제1호.

김용선(2002). 『코란』, 서울: 명문당.

김정명(2015). "이슬람 페미니즘과 여성 시각에서 새로운 종교 텍스트 읽기", 『한국중동학회논총』 제36권 제1호.

김정위(2002). 『이슬람사전』, 서울: 학문사.

김중관(2010). "이르드(명예살인)의 사회심리적 기제에 대한 분석", 『한국이슬람학회논총』 제20-2집.

마르얌 포바 지음, 정종수·차승일 옮김(1999). 『이란의 여성, 노동자, 이슬람주의』, 서울: 책갈피.

명지대학교 중동문제연구소(2016). 『법으로 보는 이슬람과 중동』, 서울: 모시는사람들.

문경희(2011). "명예살인을 둘러싼 스웨덴의 논쟁과 정책적 대응", 『국제정치논총』 51(2).

서정민(2017). "쿠란 속 지하드의 역사적 변천과 활용", 『한국이슬람학회논총』 제27-2집.

손주영(1997). 『이슬람 칼리파제사: 이슬람 정치사상과 역사』, 서울: 민음사.

수아드 지음, 김명식 옮김(2007). 『명예살인』, 서울: 울림사.

안정국(2007). "레바논 무슬림의 일부다처 현상에 관한 연구", 『한국중동학회논총』 제27-2호.

엄익란(2007). 『이슬람의 결혼문화와 젠더』, 도서출판 한울.

오은경(2008). "야사르 케말의『독사를 죽였어야 했는데』를 통해 본 명예살인의 메커니즘 연구",『한국중동학회논총』제28-2호.

오은경(2008). "이슬람 여성의 할례를 보는 다양한 시각에 대한 소고",『젠더와 문화』1.

오은경(2015).『이슬람에서 여성으로 산다는 것』, 서울: 시대의창.

유스프 까르다위 저, 최영길 역(2012).『이슬람의 허용과 금기』, 서울: 세창출판사.

유왕종(2006). "이슬람의 할례에 관한 연구",『중동연구』제25권 1호.

이동훈외(2016).『파트와를 통해 본 이슬람 사회의 규범과 현실』, 서울: 세창출판사.

이상훈(2016). 「현대 아랍세계의 혼납금 관행에 관한 연구」, 명지대학교 아랍지역학과 석사학위논문.

이원삼(2002).『이슬람법사상』, 서울: 아카넷.

이훈동외(2016).『파트와를 통해 본 이슬람 사회의 규범과 현실』제1권(가족 문화 관련 파트와), 서울: 세창출판사.

이희수(1995). "이슬람사회의 통과의례",『비교문화연구』제2호.

임병필(2016). "음식과 의복에 대한 샤리아 제정 과정과 세부 규정에 관한 연구",『중동문제연구』제15권 4호.

임병필(2016). "하디스 전문용어학의 분류와 적용에 관한 연구: 부카리 하디스를 중심으로",『지중해지역연구』제18권 제4호.

임병필(2016).『이슬람의 금기 샤리아로 풀다』, 서울: 모시는사람들.

임병필(2017). "무슬림 여성의 재혼금지기간(잇다)에 대한 샤리아 규범 연구: 잇다의 유형과 기간을 중심으로",『한국이슬람학회논총』제27-1집.

임병필(2018). "마흐르에 대한 샤리아 규범과 여성의 권리: 코란, 하디스, 법학파를 중심으로",『한국이슬람학회』제28-3집.

임병필(2018).『샤리아 알라가 정한 길』, 서울: 모시는사람들.

임병필(2018). "일부사처제에 대한 샤리아 규범 연구",『중동문제연구』제17권 1호.

임병필(2018). "히잡 착용에 관한 샤리아 규범",『중동문제연구』제17권 3호.

조부연(2005). "아프리카 여성할례와 인권문제",『한국아프리카학회지』22.

조희선(2015).『변화하는 무슬림 여성: 코란, 하디스, 이슬람법 샤리아에서 여성 읽기』, 서울: 세창출판사.

최영길(1985). 『이슬람의 생활규범』, 도서출판 알림.

최영길(1989), 『이슬람문화사』, 송산출판사.

최영길(1997). 『성꾸란 의미의 한국어 번역』, 사우디아라비아 메디나: 파하드국왕 성꾸란출판청.

최영길(2001). 『인간 무함마드』, 서울: 도서출판 알림.

최영길(2005). 『무함마드와 이슬람』, 도서출판 알림.

최영길외(2005). 『꾸란 어휘 사전』, 도서출판 알림.

카렌 암스트롱저, 유혜경역(2001). 『마호메트 평전』, 서울: 미다스북스.

하이다 모기시 지음, 문은영 옮김(2009). 『이슬람과 페미니즘』, 서울: 프로네시스.

홍진주(2002). "아프리카의 여성할례와 문제점", 『여성연구논집』 제13집.

황병하(1995). "20세기 지하드의 개념과 성격", 『한국중동학회논총』 제16호.

황병하(2007). "이슬람 초기 지하드의 개념과 특성 연구", 『한국이슬람학회논총』 제5권 1호.

황병하(2007). "이슬람의 관용과 차별에 관한 연구: 딤미를 중심으로", 『한국이슬람 학회논총』 제17-1집.

황병하(2007)c. "이슬람 지하드의 의미와 그 현대적 적용", 『한국중동학회논총』 제 27-2집.

황주영(2013). "여성살해: 여성의 죽음을 맥락화·정치화하기", http://blog.jinbo. net/glocalpoint/i/entry/17(검색: 2019.09.05).

"무슬림 페미니스트의 일갈 '왜 히잡을 쓰냐고?'" http://www.pressian.com/news/ article.html?no=150649(검색: 2018.04.16).

"밀레트", 다음백과(http://100.daum.net/encyclopedia/view/b08m2308a)(검색: 2019.04.30).

"순니 하디스 6서", https://sunnah.com/(검색: 2018.01.26).

"양성평등은 국가 핵심가치", http://www.yonhapnews.co.kr/bulletin/2017/12/20/ 0200000000AKR20171220095300005.HTML?input=1179m(검색: 2017.12.20).

"코란 웹사이트", http://www.holyquran.net/.

"하디스 웹사이트", https://sunnah.com/.

〈영어 자료〉

Abu-Sahlieh, Sami A. Aldeeb(1995). "Islamic Law and the Issue of Male and Female Circumcision", *Third World Legal Studies* Vol.3, Article 4, 73-101.

Ali Quli Qara'i(2003). *The Qur'an*, Lodon, Islamic College for Advance Studies(ICAS) Press.

Amin A. Muhammad MBBS, MRCPsych and some(2010). "Preliminary Examination of so-called 'Honour Kilkings' in Canada", Aussi disponible en francais.

Amina Wadud(2012). "Islam Beyond Patriarchy Through Gender Inclusive Qur'anic Analysis", http://www.musawah.org/sites/default/files/Wanted-AW-EN.pdf(검색: 2018.11.21).

Beth Baron(2006). "Women, Honour, and the State: Evidence from Egypt", *Middle Eastern Studies*, Vol. 42-1,1-20.

Brown, Jonathan A. C.(2009). *Hadith:Muhammad's Legacy in the Medieval and Modern World*, Oxford, One world Publications.

Canan Arin(2001). "Femicide in the Name of Honor in Turkey", *Violence against women* Vol. 7, No. 7.

Cengiz KOC(2016). "Fatima Mernissi and Amina Wadud: Patriarchal Dominance and Misinterpretation of Sacred Texts in Islamic Countries", *International Journal of Humanities and Social Science* Vol. 6, No. 8, 176-184.

Cook, David(2005). *Understanding Jihad*, Berkely: University of California Press.

Dlouki S., Nacef F., Belhadj A., Bouaskre A., and Ghachem R.(2003). "Violence against women in Arab and Islamic countries", *Arch Womens Mental Health* 6, 165-171.

Fadia Faqir(2001). "Intrafamily femicide in defence of honour: The case of Jordan", *Third World Quarterly* 22:1, 65-82.

Gema Martin Muňoz(2006). "patriarchy and Islam", https://www.iemed.org/publicacions/quaderns/7/037_Martin.pdf(검색: 2019.06.04).

Ihsan Ali alKatib(2013). "Shariah law and American family courts: Judicial inconsistency on the Talaq and Mahr issues in Wayne Nounty, Michigan", *The Journal of Law in Society* Vol. 14.

Jane Haile(2007). "Honour Killing, its Causes and Consequences: suggested strategies for the European Parliament", http://www.europarl.europa.eu/RegData/etudes/

Jewel Llamas(2017). "Female Circumcision: The History, the Current Prevalence and the Approach to a Patient", https://med.virginia.edu/family-medicine/wp-content/uploads/sites/285/2017/01/Llamas-Paper.pdf(검색:2019.06.28).

Kenneth Lasson(2009). "Bloodstains on a Code of Horor: The Murderous Marginalizations of Women in the Islamic World", *Women's Rights Law Reporter* Vol. 30, 407-441.

Lama Abu-Odeh(1997). "Comparatively Speaking: The Honor the East and the Passion of the West", https://scholarship.law.georgetown.edu/cgi/viewcontent.cgi?article=2414&context=facpub(검색: 2019.09.05).

Madani, Mohammad Ismail Memon(2010). *Hijab: The Islamic Commandments of Hijab*, Mohammad Sadiq trans, Madania Publications.

Margot Badran(1982). "Islam, Patriarchy, and Feminism in the Middle East", *Trands in History* 2-3, 59-88.

Martin Richard C. 외(2004). *Encyclopedia of Islam and the Muslim world*, Macmillan Reference.

Miriam Cooke(2001). *Women Claim Islam*, London · New York: Routeledge.

Muhammad Ismail(1993). "The Hijab.. Why?", https://d1.islamhouse.com/data/en/ih_books/single/en_The_Hijab_Why.pdf(검색: 2018.05.02).

Muhammad Muhsin Khan(1997). *Sahih Al-Bukhari*, Vol.4, Riyad: Darussalam.

Oula Abu Hwaij(2012). "The Benefits of Hijab", https://escholarship.org/uc/

item/4c09451z(검색: 2018.05.02).

Quentin Wodon(2015). "Islamic law, women's right, and state law: The cases of female genital cutting and child marriage", *The Review of Faith&International Affairs* 13:3, 81-91.

Rizvi S.A.H, Naqvi S.A.A, Hussain M.&Hasan A.S.(1999). "Religious circumcision: a Muslim view", *BJU Internationa* 83-1, 13-16.

Rookhsana Aziz(2010). "*Hijab-The Islamic Dress Code: Its historical development evidence from sacred sources and views of selected Muslim scholars*", *Master of Arts in Islamic Studies*, University of South Africa.

Ryan Bowyer J.(2009). "Female Circumcision under Islamic Jurisprudence in the Sudan", *APSA*.

Semiha Topal(2015). "Islamic Feminists and the Quran: Reading Liberty and Emancipation of Muslim Women in the Sacred Text", http://www.bundesheer.at/pdf_pool/publikationen/20150618_et_s prachen_heiliger_schriften_topal.pdf(검색: 2019.06.01).

Streusand, Douglas E.(1997). "What does Jihad mean?", *Middle East Quarterly* 4(3), 9-17.

Thomson Rreuters Foundation(2018). "The law and FGM: An overview of 28 African countries", https://www.28toomany.org/static/media/uploads/Law%20Reports/the_law_and_fgm_v1_(september_2018).pdf(검색:2019.07.08).

Zahoor. Muhammad(2015). "Islamic Concept of Polygamy", *Acta*.

"Ages of Muhammad's wives at marriage", https://wikiislam.net/wiki/Ages_of_Muhammads_Wives_at_Marriage(검색: 2018.01.21).

"Honor Killing", https://en.wikipedia.org/wiki/Honor_killing#Yemen(검색: 2019.09.03).

"Polygamy by country", https://en.wikipedia.org/wiki/Category: Polygamy_by_country(검색: 2018.01.21).

"Polygamy in the Quran, traditions, and classical Sharia law", https://

liveasfreepeople.com/2015/12/12/polygamy-in-the-quran-traditions-and-
classical-sharia-law/(검색: 2017.12.06).

"tawhid", https://www.quranindex.net/kelime.php?id=8531(검색:
2019.05.04).

"what country has the most honor killings? Who are the victims?", http://www.
stophonourkillings.com/what-country-has-the-most-honor-killings-who-
are-the-victims/(검색: 2019.09.03).

[ㅎ]

2019 한국외국어대학교 중동연구소 총서

이슬람의 진실과 오해

등록 1994.7.1 제1-1071
1쇄 발행 2020년 2월 25일

지은이 임병필
펴낸이 박길수
편집장 소경희
편 집 조영준
관 리 위현정
디자인 이주향
펴낸곳 도서출판 모시는사람들
        03147 서울시 종로구 삼일대로 457(경운동 수운회관) 1207호
전 화 02-735-7173, 02-737-7173 / 팩스 02-730-7173
홈페이지 http://www.mosinsaram.com/

인 쇄 천일문화사(031-955-8100)
배 본 문화유통북스(031-937-6100)

값은 뒤표지에 있습니다.
ISBN 979-11-88765-63-8   03340

이 도서의 국립중앙도서관 출판예정도서목록(CIP)은 서지정보유통지원시스템
홈페이지(http://seoji.nl.go.kr)와 국가자료공동목록시스템(http://www.nl.go.
kr/kolisnet)에서 이용하실 수 있습니다.(CIP제어번호:CIP2020002713)